W9-ACS-626

Dépôt légal : 2001

RECUEIL
DE PLANCHES,

SUR

LES SCIENCES,
LES ARTS LIBÉRAUX,

ET

LES ARTS MÉCHANIQUES,

AVEC LEUR EXPLICATION.

L'ART DE L'ÉCRITURE

A PARIS,

AVEC APPROBATION ET PRIVILEGE DU ROY.

ECRITURES,

CONTENANT SEIZE PLANCHES.

LE titre forme la premiere Planche.

PLANCHE II.

De la position du corps pour écrire, & de la tenue de la plume.

Avant de démontrer les principes de l'écriture, il est nécessaire d'expliquer la maniere dont on doit se placer pour écrire, & comment l'on doit tenir la plume. Ces deux objets sont importans; l'un consiste dans l'attitude gracieuse du corps, & l'autre dans la facilité de l'exécution. Il est une position convenable à chaque sexe, quoique la plûpart des maîtres n'en reconnoissent encore qu'une. Je ne m'étendrai ici que sur la position qui est propre aux hommes, me réservant de parler dans la feuille suivante de celle qui regarde les demoiselles, que je ne crois pas moins essentielle que la premiere.

Sur la position du corps.

Trois choses sont nécessaires pour écrire; un beau jour, une table solide, & un siege commode. La lumiere que l'on reçoit du côté gauche est toûjours favorable, lorsque de l'endroit où l'on écrit on peut voir le ciel. La table & le siege doivent être en telle proportion, que la personne assise puisse couler aisément les coudes dessus la table sans se baisser. Cette attitude étant la plus naturelle, on doit la préférer à toute autre. Une table trop haute pour le siege, empêche le bras d'agir, & rend l'écriture pesante; une table trop basse fait regarder de près, fatigue le corps & force les effets de la plume. Il faut donc autant qu'il est possible, se procurer toutes ses commodités, afin que l'écriture acquierre plus de hardiesse & de légéreté.

Quoiqu'on recommande aux jeunes gens de tenir le corps droit vis-à-vis la table, le bras dont ils écrivent n'agiroit pas avec assez de liberté, s'ils suivoient ce précepte avec trop de rigueur. Pour que rien n'en gêne le mouvement, il faut qu'ils approchent la partie gauche du corps de la table sans s'y appuyer, ni même y toucher, & qu'ils en éloignent la partie droite à une distance de quatre à cinq doigts.

Le bras gauche doit avancer sur le devant de la table, & y poser depuis le coude jusqu'à la main, dont les doigts seuls doivent tenir le papier dans une direction toujours verticale, le faisant monter ou descendre, & le conduisant à droite ou à gauche, selon les circonstances.

Les différens genres d'écritures reglent l'éloignement que le bras doit avoir du corps; la ronde en exige plus que la batarde & la coulée. En divisant l'avant-bras en trois parties, les deux tiers seulement poseront sur la table, & l'autre tiers terminé par le coude la surpassera. La tenue de la plume donne naturellement à la main une forme circulaire; cette main qui n'a d'appui sur le papier que par le dessous du poignet & par l'extrémité des deux derniers doigts, n'en doit plus recevoir que du bec de la plume. Il faut laisser un vuide raisonnable entre ce poignet & les deux derniers doigts, afin que la plume ne se renverse point en-dehors, ce qu'il est important de ne point négliger.

Le corps doit être baissé un peu en-devant, & la tête obéir à cette inclination sans pancher absolument sur aucune épaule. Les yeux doivent se fixer sur le bec de la plume, & les jambes se poser à terre; il faut que la gauche se mette vis-à-vis le corps en obliquité, & que l'autre s'en éloigne en se portant sur la droite.

C'est de l'observation de toutes ces regles que résulte une maniere aisée d'écrire. Pour rendre cette position plus sensible, on l'a représentée dans la seconde planche. La figure est entre les quatre lignes perpendiculaires A.B. Un leger examen de cette attitude comparée à l'explication suffira pour en donner l'intelligence.

Sur la tenue de la plume.

On tient la plume avec trois doigts, qui sont le pouce, l'index & le major. L'extrémité du major à côté de l'ongle la soutient par en bas & au milieu de sa grande ouverture. Le pouce la conduit perpétuellement en la soutenant sans la couvrir entre la premiere jointure du doigt index & l'extrémité de ce même doigt, & par le haut elle doit passer entre la deuxieme & la troisieme jointure du même doigt index. On doit éviter le jour entre la plume & les doigts index & major. Les doigts ne doivent encore ni trop serrer la plume, ni être allongés avec trop de roideur. Les deux de dessous qui sont l'annullaire & l'auriculaire doivent s'éloigner un peu du major, pour ne point gêner les autres dans leurs flexions. Le poignet doit être placé vis-à-vis l'épaule droite, & dans la même ligne oblique du bras, ne posant que foiblement sur la table ou sur le papier.

Comme dans le bas de la deuxieme planche on a placé quelques-uns des instrumens qui servent à l'art d'écrire, on trouvera au bas de la troisieme & dans une forme étendue, une main tenant une plume suivant les regles que l'on vient d'établir. Pour l'instruction de ceux qui auront recours à ces principes, cette main sera remplie de numéros dont les explications seront à côté.

Il faut observer que l'on tient la plume plus courte dans les doigts pour les écritures que l'on veut peindre que pour celles qui sont expédiées, & que les doigts concourent à la formation de l'écriture. Le pouce en est le principal; c'est lui qui fait mouvoir la plume & qui lui fait opérer tous ses effets. L'index, quoique la couvrant par-dessus, aide infiniment à donner les coups de force de concert avec le pouce; celui-ci les produit en montant, & celui-là en descendant. Le major soûtient la plume, & fait que la main peut écrire long-tems sans se fatiguer. Les deux autres doigts portent la main en la conduisant de la gauche à la droite par le moyen du dégagement dont je parlerai à la suite de cet ouvrage.

Sur la disposition en général.

Il est des sujets en qui le talent pour l'écriture semble né, avec de la bonne volonté & un travail suivi, on leur voit faire en peu de tems des progrès sensibles dans cet art. Il en est d'autres, au contraire, en qui il ne se trouve aucune disposition. Ceux-ci ayant à combattre leur nature rétive, ne parviennent à la réduire que par l'exercice & la pratique. Il leur faut plus de tems pour arriver au même but que les premiers. Mais n'en sont-ils pas bien récompensés par l'avantage qu'ils en retirent?

PLANCHE III.

Sur la position des jeunes demoiselles pour écrire.

Après avoir parlé de la position qui convient aux hommes pour écrire avec grace, il est à propos de rendre compte de celle qui est propre aux demoiselles. Elle est de la plus grande importance, puisque son exacte observation conserve la taille & maintient les épaules dans une justesse égale. La voici: lorsqu'elles sont assises sur un siege proportionné à leur grandeur naturelle & à la table, ainsi qu'il a été dit ci-dessus, il faut qu'elles tiennent le corps droit, & que les épaules soient élevées à la même hauteur. Que leurs bras à une égale distance du corps n'avancent sur la table que des deux tiers de l'avant-bras, & que l'autre tiers la déborde. Que le corps ne la touche point, & en soit éloigné d'un travers de doigt. Que leur tête, qui ne doit incliner d'aucun côté, soit un peu baissée sur le devant, de maniere que les yeux se fixent sur le bec de la plume pour conduire tous les mouvemens qu'elle fera sur le papier, lequel doit être positivement en face de la tête, & que les doigts de la main gauche dirigent en le tenant par en bas. Que les jambes posent toutes deux à terre vis-à-vis le corps; qu'elles soient peu éloignées l'une de l'autre, & que leurs piés soient tournés en-dehors. Je ne répéterai point ce que j'ai dit dans les observations précédentes sur la tenue de la plume, qui est la même pour les personnes du sexe que pour les hommes; j'observerai seulement qu'elle doit être placée dans les doigts de façon qu'elle se trouve dans la même ligne du bras. Dans le cas qu'une demoiselle écrivît de l'écriture françoise, comme il s'en voit plusieurs, elle auroit attention d'écarter plus ses bras du corps que ne le demandent les autres écritures. On sentira mieux l'esprit de cette position en examinant l'attitude de la planche troisieme, où la figure se trouve mesurée par les lignes perpendiculaires A. B.

Mon intention n'est pas en donnant cette nouvelle méthode, de décréditer celle dont on s'est presque toujours servi; mais on conviendra qu'elle est beaucoup meilleure pour les hommes dont rien ne gêne les mouvemens, que pour les demoiselles que l'on assujettit dès le bas âge à des corps de baleine ou d'autre matiere aussi peu flexible, & pour lesquelles il faut chercher une position qui n'ajoûte point à la contrainte où elles sont déjà. J'ai éprouvé plusieurs fois celle que j'annonce ici, & le succès a toujours répondu à mon attente. Ainsi les meres, qui pour conserver la taille de leurs filles, les privent la plûpart d'une connoissance utile dans quelque état qu'elles se trouvent, n'auront à craindre aucun accident, si le maître, chargé de la leur donner, la met en usage. On peut l'employer aussi pour les personnes de distinction, qui écrivant peu, peuvent se dispenser de poser le corps sur le bras gauche.

Sur la représentation d'une main qui tient la plume.

Comme la main est représentée dans le bas de la planche troisieme, ainsi que je l'avois promis ci-devant, il est juste d'expliquer ce que l'on entend par les numéros qui l'environnent. Cette double instruction, quoique peu étendue, fera mieux comprendre la vraie maniere de tenir la plume.

Le chiffre 1. fait voir l'extrémité du doigt major qui soutient la plume à côté de l'ongle & au milieu de sa grande ouverture.

Le 2. expose le pouce qui la conduit & la soutient entre la premiere jointure du doigt index & l'extrémité du même doigt.

Par en haut on voit au nombre 3. que la plume passe en-dehors, & entre la deuxieme & troisieme jointures du doigt index.

Les chiffres 4. & 5. font connoître les doigts annulaire & auriculaire, qui s'éloignent du doigt major un peu en-dessous pour venir en avant, & posent légérement sur le papier.

Le 6. fait voir le poignet posant très-foiblement sur le papier, quoique la main s'y soutienne en partie.

Le 7. exprime le jour qui doit se trouver sous la main, & entre le poignet & les deux doigts annulaire & auriculaire.

Le 8. annonce l'extrémité du doigt index qui couvre la plume dans toute sa longueur.

Le 9. enfin marque le bec de la plume sur lequel porte tout le poids de la main.

Pour accompagner la main dont je viens de parler, on a ajoûté trois instrumens convenables à l'art d'écrire. Le premier désigné par la lettre C. représente le canif ordinaire; le D. le canif fermant, & la lettre E. le gratoire.

Sur la flexion & l'extension des doigts.

La flexion & l'extension sont positivement les deux facultés des doigts, qui sont la base de l'écriture; c'est de leur agilité, de leur souplesse, qu'elle emprunte sa beauté & son élégance. J'ai consulté la nature pour en connoître la véritable source. Sans recourir à des observations anatomiques, l'expérience d'accord avec la raison m'a fait reconnoître une liqueur onctueuse appellée par les Anatomistes *sinoviale*, qui se filtrant par des glandes qui portent son nom, arrose, pénetre, humecte les ligamens, les nerfs, & leur donne le jeu, le ressort que demande l'articulation la plus facile & la plus complette. Si cette liqueur pénetre avec trop d'abondance, elle amollit, dilate les nerfs; de-là naissent les tremblemens & les foiblesses. Si au contraire elle passe avec trop de lenteur, ce qui peut arriver par l'âge ou par un vice caché ou apparent, elle desseche, appauvrit les nerfs; de-là l'irritation, la pénible contrainte dans le mouvement des doigts. Il faut donc, pour que la main soit adaptée (pour parler le langage de l'art) à l'écriture, que cette substance onctueuse ne coule qu'autant qu'il en faut, pour que la flexion & l'extension soient libres. En partant d'un tel principe, qui me paroît clair & convaincant, il ne faut pas s'étonner si les mains soit dures ou foibles, se corrigent à la longue. Dans le premier cas, il faut faire des flexions & extensions longues & fréquentes sans trop serrer la plume; la raison en est qu'en facilitant le cours de la liqueur sinoviale, elle rendra le mouvement des doigts plus libre & plus régulier. Dans le second cas on doit appuyer & serrer davantage la plume, parce que la flexion étant plus roide & moins précipitée, la liqueur coule avec moins de vîtesse, & laisse aux nerfs une force, une consistance plus ménagée, par conséquent plus analogue à l'écriture.

PLANCHE IV.

Sur la taille de la Plume.

Si la position du corps & la tenue de la plume sont les premieres choses auxquelles on doive s'attacher lorsque l'on veut parvenir à une écriture aisée & méthodique, il en est encore une qui n'est pas moins importante. C'est celle de bien tailler la plume. Tout ce que j'ai à dire sur ce sujet se réduit à trois articles: sur la maniere de tenir la plume & le canif pour la tailler; sur les coupes différentes par où elle passe avant d'arriver à sa taille parfaite; enfin sur les proportions qu'elle doit avoir lorsqu'elle est taillée.

Sur la maniere de tenir la plume & le canif.

La plume se tient par les trois premiers doigts de la main gauche, & le canif se trouve dans la main droite. Il n'est guère possible d'expliquer la position de l'un & l'autre instrument; il faut se conformer à ce que la quatrieme planche expose à la vue. On observera pourtant que la plume doit être droite vis-à-vis le corps pour commencer sa taille; que les doigts index & major de la main gauche la soutiennent par-dessous, pendant que le pouce en-dessus lui fait faire tous les viremens qué sa taille exige. La lame du canif déborde la main droite pour pouvoir couper la plume qui pose sur le pouce droit. Le canif ne se meut que par les quatre derniers doigts de la main droite, qui enveloppe le manche.

Sur les coupes différentes de la plume.

Comme la taille de la plume renferme des termes qui lui sont propres, il est nécessaire pour l'intelligence de toutes ses coupes, de les connoître même sur la plume. La figure A. qui représente une plume sur le côté les démontre. Le chiffre 1. fait voir le côté du ventre; le 2. le côté du dos; le 3. le commencement de la grande ouverture; le 4. la carne du pouce; le 5. la carne des doigts; le 6. la fente & l'extrémité du bec; le 7. l'angle du pouce, & le 8. l'angle des doigts. Instruit par ces légeres notions, il est d'usage avant de tailler la plume de la redresser lorsqu'elle n'est pas droite; après cela on commence par couper obliquement un peu du bout de la plume du côté du ventre, en tirant devant soi; on en fait autant du côté du dos; ces deux premiers degrés de la coupe se voyent aux figures B. & C. Ils servent à la préparer pour recevoir la fente. Cette fente qui se fait du côté du dos est le canal par où s'écoule l'encre; elle se commence avec le tranchant du canif que l'on souleve un peu dans le tuyau, & elle se continue avec le bout du manche du même canif que l'on souleve aussi pour allonger cette fente, ayant soin de mettre le pouce gauche à l'endroit où l'on veut l'arrêter. La figure D. exprime cette fente. Ensuite on retourne la plume, & on lui fait une grande ouverture sur le ventre, ainsi qu'on le voit à la figure E. Ces préparations données, il faut mettre la plume sur le côté droit pour l'évider sur la gauche, en formant la carne du pouce au-dessus de la fente, en arrondissant & en se rapprochant de la même fente comme les lettres F. & G. le font voir pour les deux côtés. Quand la plume se trouve dans cette derniere position, on en met une autre en-dedans pour produire le bec. Ce bec se fait en commençant de diminuer un peu en-dessus du tuyau, & un peu aussi du côté du pouce, & en plaçant ensuite le canif sur le tranchant à l'endroit où l'on veut couper. Ce dernier coup que les maîtres de l'art appellent le *tact*, doit être fait subitement, en balançant la lame de droite à gauche, & en la renversant un peu sur le devant, ayant soin en même tems que le manche soit tiré du côté du coude plus ou moins, suivant l'oblique que l'on veut donner à la plume. La figure H. expose cette manœuvre, & la figure I. la représente dans sa taille finie. Regle générale en toute écriture, l'angle du pouce est un peu plus long & plus large que celui des doigts.

Sur les proportions d'une plume taillée.

Une plume pour être suivie strictement dans toutes ses coupes peut bien ne pas avoir ses justes proportions. La grande ouverture peut être trop grande ou trop petite, le bec trop long ou trop court, la fente trop petite ou trop longue. Pour obvier à ces inconvéniens, il faut considérer la plume dans la planche entre les quatre lignes horisontales A. B. partagée en trois parties égales. La premiere depuis l'extrémité 1 du bec de la plume jusqu'aux carnes; 2 depuis les carnes jusqu'au milieu 3 de la grande ouverture; & depuis ce milieu jusqu'au 4 où commence cette grande ouverture. Ces regles donnent à n'en pas douter de la grace à la plume, mais pas toujours de la bonté. Si l'angle des doigts est plus long & plus large que celui du pouce, la plume jettera l'encre sur les revers; si les carnes sont trop courtes & trop fermées, l'encre coulera avec précipitation; si la fente est trop longue pour une main pesante, les caracteres seront écrasés; si la plume est trop dégarnie en-dessus avant le tact, elle ne pourra écrire long-tems à cause de la foiblesse de son bec; si son tuyau est trop épais du côté de l'angle du pouce qui produit les liaisons, ces mêmes liaisons deviendront trop grosses; mais il est aisé de remédier à ces défauts, & l'on sent assez ce qu'il faut faire. Il ne reste plus qu'un mot à dire sur la plume, dont les carnes doivent être plus cavées si l'on écrit la ronde, & son bec plus oblique; la batarde moins que la ronde & un bec moins oblique; la coulée autant que la batarde, mais une fente plus longue. On peut consulter au surplus les trois figures C. D. E. où l'on trouvera la définition des regles que je viens de prescrire. Si je n'ai rien dit de plus positif sur la fente qui doit être faite avec la plus grande netteté, c'est qu'elle dépend entiérement de la main. Une main légere a besoin d'une fente plus grande qu'une lourde. A l'égard de la plume, pour expédier je renvoie à l'explication de la douzieme planche.

Sur l'utilité de savoir tailler la plume.

On néglige trop en général la taille de la plume, que l'on regarde comme une chose peu essentielle, quoiqu'elle contribue beaucoup à la netteté & à la forme de l'écriture. Il est certain d'après l'expérience que j'en ai, qu'une personne qui taille sa plume pour elle-même, écrit mieux que si cette plume eût été taillée par une main étrangere. La raison c'est qu'elle la taille suivant sa main, dont elle connoît la position, & selon le dégré de grosseur qu'elle veut donner à son écriture, une autre plume souvent ne produit pas le même effet, parce qu'elle se trouve ou plus ou moins oblique, ou plus ou moins grosse, ou enfin plus ou moins fendue, ce qu'il est facile de reconnoître aux caracteres qu'elle trace, pour peu qu'on veuille y faire attention. Je conclus d'après cela qu'il faut s'attacher à la taille de sa plume en observant que pour une main renversée en-dehors, elle doit être plus oblique; droite ou à peu de chose près, pour une autre qui n'incline d'aucun côté, & sur l'oblique des doigts pour une main renversée en-dedans. Telles sont les regles sur la taille de la plume en général (il est des cas où il faut s'en écarter); mais toujours est-il qu'on tirera plus de service d'une plume fendue que d'une autre qui ne le seroit pas assez, excepté les mains foibles ou tremblantes, qui étant forcées d'y prendre un point d'appui, doivent nécessairement faire à leur plume une fente plus courte pour lui donner plus de consistance.

PLANCHE V.

Des situations de la plume.

La premiere connoissance à acquérir après la tenue de la plume, est celle de ses différentes situations pour toutes les écritures. Elle est d'autant plus nécessaire que sans elle il est impossible de former un caractere régulier & gracieux. Pour aller tout d'un coup à l'essentiel, je n'en démontrerai que trois qui suffisent à toutes les opérations que la plume produit. Vouloir en présenter davantage, ce seroit tomber dans une prolixité ennuyeuse & embrouillée, plutôt que d'éclaircir & de parvenir à l'exécution d'un art nécessaire à tous les hommes.

Premiere situation.

La premiere situation est celle que l'on appelle à face, c'est-à-dire la plume droite devant le corps, & dont les angles placés sur la ligne horisontale, ne sont pas plus élevés l'un que l'autre, tant au sommet qu'à la base d'un à-plomb ou d'un jambage. Chaque extrémité de ce jambage, qui a toute la largeur du bec de la plume, présente deux angles. Celui qui est à droite s'appelle l'angle des doigts, parce qu'il est produit du coin de la plume qui est du côté des doigts; l'autre par la même raison se nomme l'angle du pouce, parce qu'il est aussi produit du coin de la plume qui est du côté du pouce. Il faut bien distinguer ces angles, car ce sont d'eux que dépendent toutes les situations de la plume, & c'est de ces situations bien entendues & bien rendues que provient la beauté de l'écriture. Que l'on jette un coup d'œil sur la premiere démonstration, on connoîtra premierement que les lignes horisontales A. B. passent au sommet & à la base de l'à-plomb sans aucun excédent, ce qui n'arriveroit pas si les angles étoient inégaux. Secondement, on distinguera par les chiffres 1. & 2. les angles du pouce pour le haut & le bas; de même par le 3. & le 4. les angles des doigts au sommet & à la base.

Cette situation n'est affectée à aucune écriture. Elle ne sert uniquement que pour la terminaison de plusieurs lettres finales & autres effets de plume dont je parlerai dans la suite. Son principal mérite est de donner l'intelligence des angles, laquelle est indispensable pour exécuter tous les mouvemens employés dans l'art d'écrire.

Seconde situation.

La seconde situation est oblique. On entend par ce terme que la plume est placée de maniere que l'angle des doigts surmonte celui du pouce de la moitié de l'épaisseur de l'à-plomb, au lieu qu'à la base, l'angle du pouce est plus bas que celui des doigts de la moitié de l'épaisseur du même à-plomb, par la raison que ce qui est de moins sur le haut, doit se trouver de plus sur le bas. La seconde démonstration rend cette situation sensible; les lignes AB qui sont en obliquité parallele renferment l'à-plomb dans le biais qu'il exige, & les lignes CD horisontales font voir au sommet l'angle des doigts 1. qui excede de la moitié, comme à la base l'angle du pouce 2. qui descend de même de la moitié.

Cette seconde situation est employée pour l'exécution de l'écriture ronde, qui étant droite, exige plus d'oblique. Elle est aussi destinée pour les écritures batarde & coulée; mais comme on est obligé de rapprocher un peu le bras du corps pour donner à ces deux dernieres écritures la pente qu'elles doivent avoir, il arrive que l'angle des doigts pour le haut, & l'angle du pouce pour le bas, sont moins sensibles. Par ce principe, il est aisé de concevoir que la situation oblique est généralement consacrée à toutes les écritures; la différence consiste dans le plus ou le moins, le plus pour la ronde & le moins pour la batarde & la coulée.

Troisieme situation.

La troisieme situation est de travers, parce que la plume placée presque de côté, produit un à plomb de gauche à droite en descendant. Les lignes A B obliques paralleles qui renferment le jambage, démontrent combien la plume doit être tournée sur le côté du pouce, & les lignes horisontales C D font voir que l'angle des doigts 1. est élevé considérablement sur celui du pouce, de même que celui du pouce 2. descend en même proportion au-dessous de celui des doigts.

Cette troisieme situation, qui n'est propre à aucune écriture, est cependant utile pour plusieurs lettres tant mineures que majeures, & pour placer les pleins, soit courbes ou quarrés en-dessus & en-dessous, comme j'aurai soin de le faire connoître dans les occasions.

C'en est assez sur les situations de la plume que l'usage & un peu d'application rendront familieres, si l'on observe la position du corps & la tenue de la plume suivant les regles décrites aux explications des premieres planches.

Sur les pleins, les déliés & les liaisons.

La connoissance des effets de la plume dépend de la distinction des pleins, des déliés & des liaisons. On appelle plein, tout ce qui n'est pas produit du tranchant de la plume; il n'importe de quelle situation ce plein soit formé. On nomme délié le trait le plus menu que la plume produise. On appelle liaisons tous les traits fins qui attachent les lettres les unes aux autres. Il est aisé de concevoir que le délié & la liaison ne sont pas la même chose. Les maîtres de l'art les distinguent en considérant que le délié fait partie de la lettre même, au lieu que la liaison ne sert que pour la commencer, la finir & la joindre. Les liaisons dans l'écriture ne doivent point être négligées; elles sont à cet art ce que l'ame est au corps. Sans les liaisons point de mouvement, point de feu, point de cette vivacité qui fait le mérite de l'écriture expédiée.

Toutes les liaisons & quelques-uns des déliés sont produits par l'action du pouce & par l'angle de la plume qui appartient à ce même doigt. Comme cet angle fatigue le plus dans la construction des lettres, c'est par cette raison qu'il est plus long & plus large dans la taille de la plume. Suivant mon principe, toutes les liaisons sont courbes, & elles ont plus de grace que toutes celles qui sont produites par la ligne diagonale. Il y a toutes sortes de liaisons, de rondeurs à jambages, de jambages à rondeurs, de rondeurs à rondeurs, de jambages à jambages, de piés en têtes, & plusieurs autres que l'on pourra remarquer dans les pieces d'écritures & les alphabets liés.

PLANCHE VI.

Des figures radicales.

L'art d'écrire a des élémens primitifs, dont la pratique est indispensable pour acquerir la construction de ceux qui composent tout son ensemble. Ces élémens se réduisent, ainsi que dans le dessein, à deux lignes, qui sont la droite & la courbe; ce sont elles qui servent à produire toutes les formes que l'esprit peut fournir, & que la main peut exécuter.

Sur les deux lignes radicales.

La premiere démonstration expose au trait simple, tant pour la ronde que pour la batarde, entre les deux lignes horisontales A B, les deux élémens qui sont la source de tous les autres; c'est-à-dire les lignes courbes & droites. La premiere C est une ligne droite descendante depuis 1. jusqu'à 2. La seconde D est une partie courbe descendante depuis 3. jusqu'à 4. La troisiéme E est une autre partie courbe en remontant depuis 5. jusqu'à 6. Enfin la quatriéme F est encore une ligne droite en remontant depuis 7. jusqu'à 8. On a choisi avant d'en venir aux effets de la plume, la démonstration du trait simple, comme étant celle qui peut donner une idée plus précise de ces deux lignes primordiales.

De la réduction des deux lignes aux pleins.

Pour réduire ces lignes originaires aux pleins convenables, il faut les exécuter suivant l'art. Cette exécution est aussi simple que naturelle. De toutes les figures renfermées dans les lignes horisontales A B, on commence par celle du C, qui est droite pour la ronde & panchée pour la batarde & la coulée, & au chiffre 1. en descendant & en pliant verticalement les doigts, la plume étant dans la situation requise à l'écriture que l'on veut tracer, pour finir au nombre 2. La figure D courbe se commence par le trait délié 3. de droite à gauche en descendant & en pliant les doigts, observant à l'étoile qui est au centre & où se trouve le plein de la plume, de retirer insensiblement sur la droite (plus pour la ronde que pour la batarde & la coulée) en pliant les doigts sur le poignet pour arrondir & finir par le trait délié 4. La figure E courbe se commence par le trait délié 5. en remontant & en allongeant les doigts, de maniere qu'à l'étoile placée au centre, on arrondit davantage sur la gauche en y poussant la plume avec modération (plus pour la ronde que pour les autres écritures), pour terminer enfin par le trait délié 6. La figure F est une ligne droite qui prend sa naissance au nombre 7. & qui va en remontant & en allongeant les doigts pour finir au chiffre 8.

C'est de tous ces élémens que dérivent les caracteres de l'écriture; & il est de l'ordre des choses de faire connoître que c'est de l'attention que l'on aura eu de les bien peindre, que résulte un caractere régulier. Il n'est pas besoin d'expliquer combien l'usage en est essentiel. A la vue d'un simple alphabet, on distinguera que toutes les lettres en sortent; que tout jambage perpendiculaire ou panché naît des figures droites; que toutes parties concaves ou convexes, soit droites ou panchées, proviennent des figures courbes. Que de la jonction des deux lignes radicales sont émanées aussi toutes les lettres mineures à têtes & à queues, passant au-dessus & au-dessous d'un corps d'écriture, & que les majeures mêmes en tirent leur origine.

Sur la démonstration de la ligne mixte.

La ligne mixte n'est point une figure radicale comme plusieurs l'ont prétendu. Tous les Géometres la définissent une ligne composée de parties droites & courbes. Suivant ce raisonnement, cette ligne ne peut être radicale, puisque les lignes courbes & droites en font l'essence. Quoi qu'il en soit, il faut convenir que l'exercice de cette figure après celles dont je viens de parler, est très-propre à conduire aux lettres majeures, parce qu'elle donne de la flexibilité aux doigts. Pour parvenir à l'exécution de cette ligne, on doit la considérer sous trois formes entre quatre lignes horisontales A B: dans son rapport avec les figures radicales; dans la disjonction de ses parties, & dans sa construction totale. Expliquons mieux tous ces objets. Dans le premier exemple C la ligne mixte qui est au simple trait se trouve dans la démonstration conforme à son origine. On voit que la courbe du haut 1. produit un cercle sur la droite, de même que la courbe du bas 2. produit un cercle sur la gauche. Le centre 3. expose la ligne droite qui est très-nécessaire à cette figure. La démonstration simple de cette ligne étoit à sa place; elle sert de préparation à l'exemple D, où les trois parties distinctes & au plein de la plume font plus d'impression. Dans l'exemple E la ligne est rendue dans tout son effet. Elle commence par un trait délié 1. de droite à gauche, en courbant & en formant dans la descente sans cesser de plier les doigts l'à plomb 2. pour arrondir ensuite insensiblement sur la gauche, & terminer par le trait délié 3. On observera que dans la ronde la ligne mixte doit être perpendiculaire & panchée, ou sur la ligne oblique dans les autres écritures.

Sur le mouvement que la main doit conserver en écrivant.

La vîtesse dans l'écriture est l'ouvrage de la pratique & du tems. Une main qui commence à écrire ne doit pas se précipiter; elle ne doit pas non plus agir avec trop de lenteur. Ces deux contrastes produisent un effet également dangereux. La précipitation donne une écriture inégale & sans principes; la grande lenteur, un caractere pesant, tatonné, & quelquefois tremblé. Il faut donc prendre

prendre un milieu entre ces deux extrêmes. Lorsque la main familiere avec les préceptes est parvenue à un certain point de perfection, elle peut accélérer ses mouvemens par degré, & acquerir cette grande liberté que l'on demande à ceux qui se destinent à occuper des emplois.

PLANCHE VII.

De la hauteur, largeur, & pente des écritures.

Il n'est aucun art qui ne soit assujetti à des regles & à des proportions que le bon goût a fait éclore & que l'usage a consacrées. Celui de l'écriture en a de moins compliquées que les autres; tout s'y mesure par corps & par becs de plume, & c'est de la précision & de la justesse que dépend la régularité des caracteres. Pour que ces principes ne se confondent point dans l'esprit du lecteur qui veut les mettre en pratique, je vais les expliquer séparément & le plus clairement qu'il me sera possible.

Sur la ronde.

La ronde porte quatre becs de plume d'élevation; elle a le défaut d'être maigre lorsqu'on l'écrit plus longue, & d'être trop pesante lorsqu'on l'écrit plus courte. La démonstration A, qui annonce cette élévation, fait voir l'à-plomb mesuré à côté sur les quatre becs de plume. Ces quatre becs joints ensemble, font ce que les Ecrivains appellent un corps de hauteur en ronde. Le bec de la plume n'est autre chose en tout genre d'écriture, que la production en quarré de l'extrémité de la plume, comme il le paroît au chiffre 5. On sent assez que plus la plume est grosse, plus le quarré que son bec produit est fort, ainsi il diminue ou il augmente à proportion du plus ou du moins de grosseur qu'il possede.

La ronde est droite, c'est-à-dire qu'elle n'incline d'aucun côté. La démonstration B fait voir la ligne perpendiculaire depuis 1. jusqu'à 2. qui traverse l'à-plomb & le coupe en parties égales. Les lignes obliques D B E prouvent que l'à-plomb est juste dans sa direction, & qu'il ne panche ni de gauche à droite, ni de droite à gauche. Tel est le caractere françois qui tient encore par sa droiture à l'écriture gothique moderne, d'où il tire son origine.

Enfin la ronde a une largeur égale à sa hauteur, parce qu'elle est quarrée. La démonstration C le présente. On voit par deux à-plombs éloignés suivant l'art, & mesurés au-dessus, que quatre becs de plume forment toute sa largeur. Au dessous on remarquera que la distance entre deux jambages est toujours de deux travers de bec.

Sur la batarde & la coulée.

La batarde porte sept becs de plume d'élevation. On peut voir cette mesure à la démonstration A, où ces becs sont marqués à côté de l'à-plomb.

La pente de cette écriture est de trois becs de plume relativement à la perpendiculaire. En regardant la démonstration B ce principe se développe aisément. On voit d'abord la ligne perpendiculaire depuis 1. jusqu'à 2. ensuite l'à-plomb qui s'éloigne de cette ligne par son sommet de trois becs, & qui s'en rapproche dans sa base par le secours de la pente jusqu'à toucher la même perpendiculaire par l'angle du pouce.

Enfin la batarde a de largeur cinq becs de plume pris en-dehors. La démonstration C fait connoître cette largeur par les cinq becs exprimés au-dessus des deux jambages. Au-dessous est marqué la largeur qui doit être entre chaque à-plomb, & cette largeur est de trois becs.

Il est à-propos de faire remarquer ici qu'il y a une différence de corps entre la ronde & la batarde. En ronde un corps de hauteur est égal à celui de largeur, parce que l'un & l'autre ont quatre becs de plume, ce qui est différent dans la batarde. Comme dans celle-ci le corps de hauteur est plus grand que celui de largeur, il faut toujours distinguer dans cette écriture si c'est un corps de hauteur ou un corps de largeur.

Tout ce que j'ai dit pour la batarde peut servir pour la coulée, qui a les mêmes proportions. On peut aussi exécuter cette derniere sur six becs de plume de hauteur, & quatre & demi de largeur.

De l'O rond.

L'O rond peut se démontrer par deux principes: par le quarré & par le cercle. Je me dispenserai de parler de la premiere figure, étant plus facile par la seconde de parvenir à la formation de cette lettre, à laquelle on est déja préparé par les deux parties courbes radicales de la planche précédente, qu'il ne s'agit que d'unir pour qu'elle se trouve parfaite. J'éclaircis cette exposition en décrivant la conduite que les doigts doivent tenir pour former cette lettre que je conviens être de difficile exécution, & qui pourtant n'a que deux mouvemens aussi naturels que faciles. Plier les doigts en descendant la premiere partie courbe qui commence par le trait délié 1. de droite à gauche; allonger les doigts en remontant la deuxieme partie courbe qui semble commencer en-dessous & au trait délié 2. pour terminer en arrondissant par un plein, dont les angles sensibles viennent se reposer sur le premier délié. Voilà tout. Que l'on jette les yeux sur la démonstration de cet O, on trouvera qu'il est rendu d'abord à la figure A par un cercle tout simple; à la figure B par son plein & ses mesures; que deux déliés & deux pleins le composent; que les deux déliés ont chacun un travers de bec; que l'O est fait sans interruption en soutenant avec soin la situation de la plume; enfin que cet O doit finir un peu en pointe & au milieu de sa largeur, comme la ligne perpendiculaire 3. & 4. le fait voir.

De l'O batarde & coulée.

L'O batarde de même que l'O rond, peut aussi se démontrer par deux principes; celui du parallélogramme & celui de l'ovale. Je m'arrête au dernier, parce qu'il se rapproche des deux lignes courbes radicales. Les deux mouvemens employés pour l'O rond font le même office pour l'O batarde, qui doit être un ovale parfait; l'écrivain dans cette figure doit faire avec la plume ce que le mathématicien fait avec le compas. Suivant la démonstration on trouve à la figure A un ovale simple qui prépare pour la figure B où l'O est en plein & dans sa justesse. Pour l'exécution on plie les doigts en descendant la premiere partie courbe qui prend sa naissance au trait délié 1. de droite à gauche. On allonge les doigts en remontant la deuxieme partie, dont l'origine est en-dessous & au trait délié 2. pour achever en arrondissant de maniere que le plein se termine sur le premier délié & au milieu de la largeur de la lettre, comme la ligne oblique 3. & 4. le fait voir sans qu'on puisse trouver le point de la jonction. Cet O a deux déliés & deux pleins; chaque délié n'a qu'un travers de bec. Il faut maintenir dans cette lettre la situation de la plume, qui est, comme je l'ai dit aux observations de la planche 5. moins oblique que dans la ronde, c'est ce qui fait que l'O en batarde ne finit pas par un plein positif, mais par un plein qui se perd insensiblement à mesure qu'il approche du premier délié auquel il se joint.

Sur la forme.

La belle forme de l'écriture dépend de l'exacte observation des regles & d'un travail suivi. C'est par les gros caracteres & par la connoissance parfaite des angles de la plume, qu'elle s'acquiert; cette connoissance doit être tellement familiere à l'écrivain, que sans recherche & à l'instant il puisse représenter avec sa plume toutes les situations qui sont requises par l'art.

Je dois dire encore à l'égard de la forme, qu'il faut qu'elle soit bien sure avant de passer aux écritures expédiées, car si elle peche par l'exactitude dans les caracteres réguliers, ce défaut deviendra bien plus grand dans les écritures faites avec promtitude.

PLANCHE VIII.

Des exercices préparatoires.

Lorsque l'on est instruit des premiers élémens de l'art d'écrire, on doit passer aux exercices préparatoires qui se font avec la plume grosse. J'appelle ces exercices préparatoires, parce qu'ils conduisent à la formation de tous les caracteres. Ceux que la planche VIIIe. présente sans être trop compliqués, ont la propriété de donner plus de flexibilité aux jointures des doigts, & d'insinuer de la légéreté à l'avant-bras. On sent par ces raisons que ces exercices sont absolument nécessaires, & qu'ils doivent précéder & suivre le travail des lettres tant mineures que majeures. Pour arriver à leur exécution, on commencera par paſſer deſſus pendant quelques momens avec une plume ſans encre. Cette occupation eſt utile ; elle fait que la main s'accoûtume aux différens contours, & que tous les effets de la plume qui les compoſent, ſe gravent dans l'eſprit ou dans la mémoire. Je ne conſeille pourtant pas d'embraſſer tous ces exercices à la fois; ce ſeroit en confondant les uns avec les autres, ſacrifier plus de tems qu'il ne faut pour y parvenir. On ne paſſera à la ſeconde ligne que quand on ſçaura exécuter la premiere un peu librement & réguliérement, & ainſi des autres, parce que les premieres étant plus aiſées, elles conduiſent naturellement aux ſuivantes, qui ſont plus difficiles. Il eſt parmi les artiſtes une vérité conſtante, que l'on ne doit pas ignorer ; c'eſt qu'on ne parvient aux grandes difficultés qu'après l'exercice des plus petites. Pour donner une forte idée de ces exercices, je vais dire un mot ſur chacun.

Sur le premier exercice.

Il roule entierement ſur la ligne droite, qui eſt la plus facile à tracer. Tout ce qui le compoſe, ſont des pleins deſcendans & montans, qui ſe font, les premiers, en pliant les doigts & les autres en les allongeant. Il eſt encore néceſſaire d'obſerver que le courbe qui ſe trouve dans le bas des jambages ſe produit en arrondiſſant par l'action du pouce qui met la plume inſenſiblement ſur ſon angle pour former une liaiſon en remontant & en ſoulageant. Le mouvement ſimple des doigts eſt le ſeul ſuffiſant pour la formation de cet exercice.

Sur le ſecond.

Il préſente des parties courbes tant deſcendantes que montantes, & qui s'exécutent par le mouvement naturel des doigts, pliant & allongeant.

Sur le troiſieme.

Il eſt établi ſur des lignes mixtes deſcendantes & montantes, & liées les unes aux autres ſans changer la plume de ſituation. Il faut pour la pratique de cet exercice, plus d'action dans les doigts & plus de légéreté dans l'appui de l'avant-bras ſur la table.

Sur le quatrieme.

Il offre des lignes mixtes & autres effets de plume liées de pié en tête, qui ſe font ſur la deuxieme ſituation & de l'action ſimple des doigts. A l'égard des grandes queues qui ſont ſemées dans cet exercice, & qui n'ont aucune meſure, elles ſe jettent du bras, la plume placée ſur la troiſieme ſituation. Lorſqu'il ſe trouve pluſieurs têtes de lettres de ſuite, la ſeconde l'emporte ſur la premiere tant en largeur qu'en hauteur, & ainſi des autres s'il s'en trouve. C'eſt la même choſe pour les piés, le ſecond l'emporte par la longueur ou la largeur ſur le premier.

Sur le cinquieme.

Il fait voir des parties montantes & deſcendantes qui ſe forment par une action aiſée des doigts. Le mérite de cet exercice eſt de donner à l'avant-bras l'habitude de monter & de deſcendre facilement; c'eſt pour cela qu'il ne doit poſer que ſuperficiellement ſur la table.

Sur le ſixieme.

Il expoſe des parties deſcendantes & montantes. Son uſage eſt le même qu'à l'exercice précédent.

Sur le ſeptieme.

Il eſt fondé totalement ſur la troiſieme ſituation qui produit des pleins en-deſſus & en-deſſous. Il faut ſe rendre familier cet exercice, qui ſe fait de l'action très-aiſée des doigts, l'avant-bras coulant plus vîte ſur la table.

Sur le huitieme.

Il a pour fondement des cercles ou des ovales joints enſemble. C'eſt préciſément ce que l'on appelle dans la Géométrie des épicycles. Ils ſont commencés ſur la direction de gauche à droite, & continués ſur celle de droite à gauche pour finir par une ligne ondée, qui commençant à la lettre A, va ſe terminer vers B. Tout ce que renferme cet exercice ſe fait par l'action ſimple & libre des doigts, l'avant-bras coulant ſur la table.

Sur le neuvieme.

Ce dernier eſt la récapitulation de tous les précédens; il contient en raccourci tous les effets de la plume, dont preſque tous les autres ſont compoſés. On ne ſçauroit trop recommander l'uſage de ces exercices, d'autant qu'ils donnent à la main les avantages de monter, de deſcendre, d'aller à droite, de revenir à la gauche, la plume ne poſant toujours que ſur l'extrémité de ſon canon. C'eſt par la grande pratique de ces différens mouvemens que la main s'aſſure peu à peu des effets de la plume. Quoique ces exercices ſoient donnés ſur la ligne perpendiculaire, on peut auſſi les former ſur l'oblique de droite à gauche. Le maître ne peut pas fixer à celui qui apprend, le tems qu'il doit s'occuper de ces exercices, cela dépend de ſa diſpoſition; une main dure ou roide, & où la flexion ne ſe fait qu'avec peine, doit y travailler plus long-tems & les former d'une grandeur plus conſidérable, en s'attachant à ſoutenir les pleins revers, tant dans les parties droites que dans les courbes.

Sur les mouvemens.

Tout ce qui compoſe l'écriture eſt produit par deux mouvemens : celui des doigts & celui du bras.

Le mouvement des doigts qui ſert pour les lettres mineures comme pour les majeures qui ſe font plus vîte, n'a que deux effets ; la flexion pour deſcendre en tout ſens, & l'extenſion pour remonter de même.

Le mouvement du bras, ſi néceſſaire pour les lettres capitales & les traits, a quatre effets. Il s'allonge pour monter; il s'écarte pour aller à droite ; il ſe rapproche du corps pour la gauche, & il ſe plie au coude pour deſcendre. Ces quatre effets ſont plus ou moins étendus ſuivant la grandeur des figures que l'on veut exécuter.

Pluſieurs auteurs ont admis le mouvement du poignet, lequel n'a point été adopté par les plus grands maîtres. Le poignet n'a point d'effet primitif; il n'agit que fort peu, & quand il eſt forcé d'obéir au mouvement des doigts.

PLANCHE IX.

Des alphabets des lettres rondes.

Si l'Encyclopédie rend compte des alphabets de toutes les langues du monde, à plus forte raiſon doit-elle donner ceux qui ſont en pratique dans le pays où cet ouvrage a pris naiſſance. Ce n'eſt pas aſſez d'en préſenter les ſimples figures, il faut encore en démontrer quelques principes. Mais je n'en dirai que ce qui eſt le plus néceſſaire, les bornes que je me ſuis preſcrites ne me permettent pas de trop m'étendre. J'ai fait connoître au mot *écriture*, que trois différens caracteres étoient en uſage parmi les François; ſon caractere diſtinctif eſt celui par où je commencerai ; on l'appelle communément écriture ronde. Il ſe partage, ainſi que les deux autres, en mineur & majeur. Le mineur comme le plus petit, parce qu'il ne comprend qu'un corps, excepté les lettres à têtes & à queues, eſt celui dont on ſe ſert pour une ſuite d'ouvrage. Le majeur eſt plus grand; on l'emploie toujours pour le commencement des phraſes, des noms propres & de toutes les choſes qui ſubſiſtent réellement.

Du Mineur.

L'alphabet mineur meſuré que la neuvieme planche offre aux yeux, eſt compoſé des caracteres uſités de l'écriture ronde. Ces caracteres, qui ſe font de l'action ſimple des doigts, ont chacun des proportions particulieres, ſur leſquelles je ne parlerai qu'en général. Les lignes horiſontales A B renferment le caractere proprement mineur ; on ſait que ce caractere en ronde eſt établi ſur quatre becs de plume. Toutes les têtes paſſantes au-deſſus de ce corps mineur, ont un corps & un bec de plume; c'eſt ce que rendent ſenſible les points forts tracés à la droite de toutes les lettres. Il faut pourtant excepter de cette regle le D, l'S, le T & le Z, qui ne paſſent que d'un demi-corps, & encore les têtes de l'E & de l'S briſé, qui ne ſurmontent que d'un bec de plume. Voilà en peu de mots pour les têtes; voyons ce qui regarde les queues. Toutes les queues paſſantes au-deſſous du corps mineur, ont un corps & demi; ce qui eſt exprimé par les points forts. On exceptera de cette loi commune les dernieres parties courbes de l'H & de l'N finale qui n'ont qu'un corps. C'eſt à préſent de la largeur des unes & des autres dont il faut parler. La largeur des têtes n'eſt que d'un corps ; ce qui ſe manifeſte par les lignes perpendiculaires tirées à la gauche & à la droite de ces têtes, qui peuvent quelquefois être plus larges; mais cette sa licence n'appartient qu'à un habile écrivain, qui sait suivant les circonstances, se mettre au-dessus des regles. La largeur des queues est plus ou moins considérable; les unes ont un corps, les autres un corps & demi; ceux-ci deux corps & demi, & ceux-là trois corps & demi. A l'extrémité de beaucoup de ces queues, il se trouve un bouton qui doit tenir au plein revers, & n'avoir d'élevation que deux becs de plume, ainsi que les trois points forts qui sont à côté le font connoître. Toutes ces différentes proportions sont rendues clairement dans l'alphabet par les lignes perpendiculaires dont j'ai déja parlé; lesquelles lignes marquent en même tems la largeur du corps mineur, & prouvent que la ronde est droite par sa nature. Il est encore d'autres lignes qui sont obliques, & tirées au-dessus & au-dessous de chaque lettre, pour faire sentir que la situation de la plume l'est aussi. On distinguera aisément les caracteres qui dérivent de la ligne droite, & sur-tout ceux qui proviennent de la courbe. Pour une plus grande utilité, j'ai cru nécessaire la distinction des lettres initiales, médiales & finales. Les initiales marquées du chiffre 1. ne conviennent qu'au commencement des mots; les médiales annoncées par 2. ne sont propres qu'au milieu; enfin les finales marquées par 3. ne se placent qu'à la fin. Cet éclaircissement, tout utile qu'il est, n'instruit pas assez. Il y a des lettres qui servent aux trois objets à la fois; elles seront désignées par les nombres 1. 2. & 3. Il en est d'autres qui ne sont qu'initiales & médiales, les chiffres 1. & 2. les marqueront; enfin il s'en trouve qui ne sont que simplement finales; on les trouvera cottées du nombre 3. Ces explications étoient importantes, car rien ne gâte plus un mot & ne blesse tant le coup d'œil, qu'une lettre mal placée, sur-tout dans un titre qui est ordinairement en gros caracteres. Il reste encore à dire que l'Y grec, le Z & la tête de l'R final se font sur la troisieme situation; que l'L final, l'S brisé & le T final, se finissent en mettant la plume sur la premiere. A l'égard de l'exécution des lettres mineures, on s'attachera à les examiner avec soin, & à faire des lignes entieres de chacune, toujours en se conformant aux principes démontrés aux planches précédentes, & à ce qui est expliqué plus particulierement sur ce sujet au commencement de chaque lettre de ce Dictionnaire.

Du majeur.

Les lettres majeures sont ainsi appellées parce qu'elles ont trois corps mineurs, & qu'elles se placent toujours les premieres. Elles se font d'une action libre des doigts, l'avant-bras coulant avec plus de vîtesse sur la table. Quelquefois ces lettres se jettent du bras, mais il n'appartient qu'à une main adroite, à un maître, de les justement approprier à la grandeur des corps d'écriture. Cette grande justesse, que les connoisseurs admirent, est le fruit d'un travail long & appliqué. L'alphabet majeur se trouve à la planche neuvieme, mesuré & enfermé dans les quatre lignes horisontales A B. Il faut pourtant excepter de la mesure ordinaire de trois corps mineurs la lettre M, qui ne possede que deux corps & un bec de plume; l'A & l'X, qui n'ont que deux corps, ainsi que les têtes de l'Y grec & du Z. A l'égard des queues, elles ne passent en-dessous que de deux corps seulement, & quelquefois moins, étant libre de les diminuer lorsque l'on prévoit qu'elles peuvent causer de la confusion. On ne parlera point de la largeur de toutes ces lettres; les lignes perpendiculaires tirées sur chacune exprimeront la quantité de corps qu'elles ont; lequel corps de largeur est conforme à celui de hauteur. On observera que tous les caracteres marqués par une étoile se font de la troisieme situation; que les dernieres parties de l'N & de l'V se font du bras, ainsi que les queues de l'Y grec & des ZZ. Je dirai encore que toutes les majeures se travaillent dans un corps d'écriture avec la plume qui a formé ce même corps d'écriture, & que l'on ne sauroit trop s'appliquer à l'imitation de ces lettres, dont la justesse & la beauté contribuent autant à la perfection de l'écriture qu'à son agrément.

De l'alphabet lié.

L'exercice de l'alphabet lié est très-utile. On doit y travailler beaucoup après la forme particuliere de chaque lettre & avant de passer aux mots. Comme il est mesuré, il sera facile avec un peu d'attention d'en remarquer les principes & de les exécuter.

Sur le toucher de la plume.

Il faut distinguer deux sortes de toucher; celui qui vient de la nature & celui que l'art communique.

Celui de la nature l'emporte; c'est lui qui donne la maniere de rendre les choses dans ce précieux qui paroît également dans les parties frappées & non frappées. On peut être un habile maître & ne pas posséder ce trésor. La nature ne distribue pas à tous ces dons.

Celui de l'art ne donne pas la même délicatesse; il s'acquiert par l'exercice, par la légéreté de la main, & par la façon de tailler & de tenir la plume plus ou moins serrée dans les doigts.

Ce que l'on doit rechercher en général dans le toucher, c'est ce tendre, ce moëlleux, que l'on estime dans l'écriture, & non cette fermeté & ce lourd que les caracteres gravés présentent, qui est par conséquent moins estimable.

PLANCHE. X.

Des alphabets des lettres batardes.

Après l'écriture ronde vient naturellement celle que l'on appelle italienne, & communément batarde. Elle se distingue aussi en mineur & majeur; le mineur sert pour une suite d'ouvrage, & le majeur pour les noms propres & pour les premieres lettres des mots qui commencent les phrases. Toutes les lettres qui composent les alphabets de cette écriture ont une simplicité agréable, qui auroit dû engager toutes les nations à n'adopter que ce seul caractere. Il est le plus aisé à lire, & c'est la raison sans-doute, pourquoi il est le mieux reçû à la Cour, & employé pour les manuscrits que l'on veut conserver.

Du mineur.

La dixieme planche expose tous les caracteres mineurs mesurés de l'écriture batarde. Ils se font tous de l'action simple des doigts, pliant & allongeant, & sont tous assujettis à des proportions dont je ne dirai que le plus important. Les lignes horisontales A B renferment toutes les lettres mineures: on a dû voir par la planche septieme & par ses explications, que le corps de ce caractere en batarde est établi sur sept becs de plume de hauteur, cinq de largeur & trois de pente. Toutes les têtes qui passent au-dessus de ce corps mineur ont un corps de hauteur, qui est de sept becs, & un bec de plus au delà. Les points forts tracés à la droite de ces lettres, annoncent ce principe. On exceptera de cette loi générale le D courbe, qui n'a qu'un corps, & le T qui ne possede qu'un demi-corps. C'est tout ce qui concerne la hauteur des têtes: voyons la longueur des queues. Les queues qui passent au-dessous du corps mineur ont un corps & demi, ce que les points forts feront remarquer; cette regle est sans exception. Voilà pour la hauteur des têtes & la longueur des queues; il s'agit maintenant de parler de la largeur des unes & des autres. Comme les têtes ne sont point courbes, il n'y en a que deux, qui sont la grande & la petite F, qui n'ont chacune qu'un corps de largeur qui est de cinq becs; ce corps est exprimé par des lignes obliques tirées à la gauche & à la droite de ces têtes. La largeur des queues n'est point la même partout; les unes ont un corps, les autres un corps & demi; il en est encore qui ont deux corps & demi. Toutes ces différences sont rendues sensibles par les lignes obliques dont j'ai déja parlé, lesquelles étant tirées dessus, font connoître que le corps de largeur est moins grand que celui de hauteur, & que cette écriture est panchée. Les boutons qui terminent les queues ne doivent avoir d'élevation que deux becs de plume; ce que les trois points forts marqués à côté font sentir. Les lignes obliques tirées au-dessus & au-dessous de chaque caractere font connoître que la situation de la plume est aussi oblique. Avec un peu d'attention on distinguera bien vîte les lettres qui proviennent de la ligne droite, de même que celles qui dérivent de la courbe. Distinguons à présent les lettres initiales, médiales & finales. On suit la même méthode qu'à la planche précédente. Les initiales sont marquées par le chiffre 1; les médiales par le nombre 2, & les finales par le nombre 3. Celles qui servent aux trois diſtinctions ſont déſignées par les trois chiffres, & celles qui ne ſont qu'initiales & médiales n'ont préciſément que les nombres qui indiquent leur uſage. Reſte encore à dire que l'R briſé & tous les Z Z ſe font ſur la troiſieme ſituation, & que la troiſieme S ainſi que le troiſieme T ſe terminent en mettant la plume ſur la premiere. Pour ce qui regarde la pratique des lettres mineures batardes, on ſuivra ce que j'ai dit aux explications de la planche précédente. Quoique l'écriture ſoit différente, les mêmes préceptes pour l'exercice peuvent lui ſervir.

Du majeur.

Les lettres majeures batardes ſe font de l'action libre des doigts, l'avant-bras coulant avec facilité ſur la table. On ſe ſert auſſi du bras pour jetter ces ſortes de lettres; mais je ne conſeillerois qu'à une main exercée longtems de s'y expoſer, par la difficulté qu'il y a de les faire juſtes & ſuivant les regles. Dans la planche dixieme, ces lettres ſont meſurées & enfermées dans les quatre lignes horiſontales A B. Elles ont trois corps mineurs d'élevation, chaque corps étant de ſept becs de plume. Il faut pourtant excepter de ce principe la deuxieme M, qui n'a que deux corps & un bec de plume; le deuxieme V, qui n'a que deux corps, ainſi que la premiere partie de l'Y grec, qui ne poſſede qu'un corps. A l'égard des queues, elles ne paſſent que d'un corps & demi, & quelquefois davantage, ſuivant la place & les circonſtances. Pour ce qui eſt de la largeur de ces lettres, elle eſt exprimée par des lignes obliques tracées ſur chacune, leſquelles marquent la quantité de corps qu'elles ont; ce corps de largeur eſt de cinq becs de plume, comme je l'ai déjà démontré. On remarquera que tous les caracteres où il ſe trouve une étoile, ſe font de la troiſieme ſituation. Que les deux dernieres parties de l'N & de l'V ſe jettent du bras, ainſi que les queues de l'Y grec & des ZZ. Ces principes ſont ce qu'il eſt le plus intéreſſant de ſavoir ſur les lettres majeures batardes qui doivent être d'une très-grande ſimplicité dans leur forme, & d'une préciſion délicate dans les parties courbes. On parvient à la belle formation de ces lettres, comme de toutes les autres, par un grand exercice.

De l'alphabet lié.

L'alphabet lié demande beaucoup de travail. On doit être perſuadé que plus on l'exécutera régulierement, & plûtôt on réuſſira dans les mots. On a eu l'attention de le meſurer pour la facilité de ceux qui voudront l'imiter; par ce moyen on diſtinguera toutes les différentes largeurs, hauteurs des têtes, longueurs des queues, & pluſieurs autres principes.

Sur le dégagement des doigts.

Pour écrire de ſuite & de maniere que la main ne change pas de poſition, il faut dégager les deux doigts de deſſous, qui ſont ceux que l'on nomme annulaire & auriculaire. Ce dégagement ſe fait en retirant ces deux doigts ſur la droite, & toujours dans la direction de la ligne horiſontale. Le point eſſentiel conſiſte à ſavoir de combien l'on doit dégager; l'expérience a fait connoître que l'on devoit ſe régler ſur les largeurs des écritures, plus pour la batarde & la coulée, & moins pour la ronde.

Le dégagement qui tranſporte la main de gauche à droite, ne ſe fait que dans les parties angulaires, & jamais dans celles qui ſont courbes. Pour dégager, il faut que la main s'arrête, ce qui ſeroit dangereux dans les rondeurs, puiſque par-là, elles acquerroient de la dureté & du talon.

L'avantage que l'on retire du dégagement eſt de former des lignes droites & fort longues, & d'empêcher que la main ne ſe renverſe en-dehors, & que la plume ne porte ſur l'angle des doigts.

PLANCHE XI.

Des alphabets des lettres coulées.

L'écriture coulée eſt aujourd'hui la plus en uſage, parce qu'elle s'écrit plus vîte que les deux autres écritures. La promtitude avec laquelle on agit dans cette écriture & ſouvent trop tôt recherchée, fait que dans le général elle manque de forme, que les liaiſons n'y paroiſſent pas, & que la plume ne trace que des lignes droites & courbes. Ce qui contribue encor à la défectuoſité de ce caractere, c'eſt que l'on a introduit dans les bureaux le goût ſingulier de l'écrire plus droite & plus longue que ſon principe ne le permet, & preſque toujours ſans queues ni têtes. Ce n'eſt pas là aſſurément l'eſprit d'un art ſi utile pour la propagation des ſciences, & qui n'a été aſſujetti à des regles que pour le rendre plus beau à la vue & plus facile à la lecture. Ne devroit-on pas ſavoir que les choſes ne ſont correctes, qu'autant qu'elles ſont exécutées dans les principes reçus, & ſuivant les modeles que les grands maîtres nous ont laiſſés. Je veux bien que l'on prenne quelques licences que la vivacité peut permettre, mais ces licences ne doivent jamais détruire le fond; or le fond de l'écriture conſiſte dans l'exécution de la forme particuliere à chaque lettre. La cauſe ordinaire des mauvaiſes écritures eſt que l'on ne travaille pas avec aſſez d'aſſiduité chez les maîtres, que l'on néglige la connoiſſance des regles & la pratique des gros caracteres. Elles viennent encore de l'abus où l'on eſt de placer les jeunes gens chez les Procureurs. C'eſt là que le meilleur caractere ſe corrompt, c'eſt là que ſe gâtent les mains qui promettoient le plus. L'étude de la pratique eſt à la vérité néceſſaire, mais je voudrois que les humanités faites, on commençât par ce genre d'occupation avant d'apprendre à écrire. C'en eſt aſſez ſur les cauſes qui rendent les écritures difformes, & ſur-tout la coulée. Entrons dans le détail ſimple des principes de cette derniere.

Du mineur.

Les lettres mineures de l'alphabet coulé, meſurées à la onzieme planche, & renfermées dans les lignes horiſontales A B, ſe font toutes de l'action ſimple des doigts, pliant & allongeant. Le corps de hauteur en cette écriture, ainſi que je l'ai dit aux explications de la ſeptieme planche, eſt de ſept becs de plume ou de ſix, & celui de largeur eſt de cinq ou de quatre & demi. Toutes les têtes en coulée ſont doubles, à deſſein de les lier plus aiſément, & portent d'élevation un corps & un bec de plume, à l'exception pourtant des deux D & du T, qui n'ont qu'un demi-corps. Les points forts à côté de toutes les lettres expriment aux yeux cette hauteur, ainſi que les longueurs. Les queues n'ont de longueur qu'un corps & demi, & quelquefois davantage lorſqu'on les rend ſaillantes & que l'ouvrage le permet. Pour ce qui eſt de la largeur, les têtes n'ont ſimplement qu'un corps, & les queues tantôt un corps, tantôt un corps & demi, quelquefois deux corps & demi. Les lignes obliques tirées ſur toutes les lettres font diſtinguer ces diverſes largeurs. Les autres lignes obliques placées au-deſſus & au-deſſous de tous les caracteres, annoncent que la ſituation de la plume eſt oblique. Les chiffres 1. 2. & 3. marquent les lettres initiales, médiales & finales dans le même ordre qu'il a été dit aux explications des planches précédentes. Je répete que l'X finale & tous les ZZ ſe font ſur la troiſieme ſituation; & que l'L finale, la fin des SS finales, & le T final ſe terminent ſur la premiere ſituation. On ſuivra ce que j'ai dit aux deux dernieres planches pour l'exercice, en faiſant obſerver que la plume en coulée ſe tient plus longue dans les doigts, que dans les autres écritures.

Du majeur.

L'alphabet majeur coulé que la planche onzieme préſente, n'expoſe ſimplement que les lettres qui ſont proprement de cette écriture; on peut y ſubſtituer les lettres majeures batardes. Ces caracteres ſe font d'une action promte des doigts, l'avant-bras coulant avec vîteſſe ſur la table. On peut auſſi les jetter du bras. Toutes ces lettres qui n'ont que trois corps mineurs de hauteur, ſont meſurées & enfermées dans les quatre lignes horiſontales A B. On exceptera de cette regle la premiere M; la premiere partie du Q, la deuxieme X, & la premiere partie de l'Y grec, qui n'ont que deux corps. Les queues ne paſſent que d'un corps & demi. A l'égard des corps de largeur, ils ſont exprimés par des lignes obliques tirées ſur chaque lettre. L'étoile annonce comme dans les planches précédentes, les majeures qui ſe font ſur la troiſieme ſituation. Voilà le précis le plus néceſſaire de toutes ces lettres que l'exercice fera exécuter avec juſteſſe.

Sur

Sur l'alphabet des lettres briſées.

Les lettres briſées ne ſont point gothiques, comme beaucoup de perſonnes l'ont penſé. Ce ſont des élémens où l'on affecte de produire des angles dans le haut & le bas, leſquels élémens forment une écriture qui tient ſouvent la place d'un titulaire ou d'une groſſe batarde. Pour l'ordinaire, cette écriture eſt perpendiculaire; elle eſt quelquefois panchée, mais rarement. La hauteur de ce caractere eſt de ſept becs de plume ſur cinq de large & trois de pente lorſqu'elle eſt couchée. La plume eſt tenue ſur la ſeconde ſituation pour favoriſer les angles, & le bras éloigné du corps de même que dans la ronde. Les têtes ont un corps & un bec de plume d'élevation, & les queues un corps & demi de longueur. Ces principes généraux & pluſieurs autres, ſeront aiſés à remarquer dans l'alphabet de la planche onzieme, où il eſt meſuré & enfermé dans les lignes horiſontales A B. On peut aſſurer qu'un titre ou un ſous-titre de cette écriture fait un très-bel effet; c'eſt pourquoi je conſeille à ceux qui font uſage de la plume, de la mettre en pratique dans leurs ouvrages.

Sur l'ordre dans l'écriture.

Savoir écrire ſelon les regles; mais n'avoir point l'eſprit d'ordre, c'eſt ne poſſéder qu'une partie de l'art. Pour acquerir cette qualité, il faut avoir, ainſi que je l'ai obſervé en pluſieurs occaſions, de l'invention & du goût.

L'invention embellit, augmente & donne de l'effet. Le goût examine, diſpoſe & empêche que cet effet ne déplaiſe à la vue. Tout l'ordre eſt renfermé en ce peu de mots. Ainſi tout ſujet qui poſſédera ces talens, ſera ſûr d'exécuter avec beaucoup plus de régularité qu'un autre. Son ouvrage ſera ſuivi, ſoutenu dans ſon corps, correct dans la diſtance de ſes mots & de ſes lignes, recherché dans le choix de ſes lettres, & dégagé de cette ſuperfluité de parties qui laiſſe preſque toujours aux yeux la repréſentation d'objets irréguliers ou difformes.

PLANCHE XII.

De la plume à traits.

La plume à traits eſt ainſi nommée parce qu'elle ſert à produire les lettres capitales ou majuſcules, & les traits que l'on appelle cadeaux. C'eſt au commencement du ſiecle dernier que cette plume a été employée pour les traits. Elle ſe taille différemment que les autres, & elle eſt plus convenable qu'aucune pour les grands coups de main, c'eſt-à-dire pour ceux que le bras exécute, parce qu'ils ont plus d'apparence & de complication. L'encre étant la nourriture de cette plume, on a coutume de l'y laiſſer tremper, afin qu'elle ſoit plus obéiſſante à la conſtruction des traits, en obſervant pourtant qu'elle n'y trempe pas trop, parce qu'elle s'amoliroit plus qu'il ne faut. Le point juſte de cette plume pour opérer conſiſte à n'être ni trop dure ni trop foible par le bout; l'un & l'autre étant contraires à la correction des traits. Après avoir donné une idée légere de cette plume, il faut parler des regles de ſa taille & de ſes poſitions particulieres, car ſans cette connoiſſance il eſt impoſſible de bien exécuter & les traits & les lettres capitales.

Sur la taille de la plume à traits.

La plume à traits ſe partage, ainſi que les autres plumes, & comme la planche douzieme le fait voir, en trois parties égales, & entre les quatre lignes horiſontales A B. La premiere depuis 1. juſqu'à 2. où ſont les carnes; la ſeconde depuis 2. juſqu'au 3. milieu de la grande ouverture, & la troiſieme depuis 3. juſqu'au 4. commencement de cette grande ouverture. Le canon de cette plume n'eſt point cavé; il eſt en fauſſet, & ſe termine en pointe, comme on peut le remarquer au chiffre 1. Les angles de l'extrémité du bec ſont égaux, tant en largeur qu'en longueur. La fente ſi eſſentielle à cette plume doit être nette, & ne contenir que toute la longueur de la premiere partie. Cette plume ſert auſſi pour l'écriture expédiée, avec cette différence qu'elle eſt un peu moins fendue, & que les carnes ſont un peu plus cavées.

Sur la premiere poſition.

La premiere poſition eſt celle que l'on appelle à face, parce que la plume eſt tenue preſque vis-à-vis le corps, & de maniere qu'elle produit ſur la ligne perpendiculaire ou ſur l'oblique, des pleins en deſcendant. La démonſtration expoſe non-ſeulement la poſition de cette plume, mais encore les effets qu'elle procure dans les lignes mixtes, courbes & ſpirales, où tous les pleins marqués par les lignes perpendiculaires A B, ſe trouvent en deſcendant ſoit ſur la gauche, ſoit ſur la droite. Dans cette poſition le bras eſt peu éloigné du corps. Si cependant on vouloit former des contours plus vaſtes, il faudroit l'écarter davantage.

Cette poſition eſt employée dans les traits, & ſurtout pour pluſieurs lettres capitales.

Sur la ſeconde.

La deuxieme poſition eſt de côté, parce que la plume eſt tenue de façon que le bec eſt dans la direction de la ligne horiſontale pour produire des pleins dans cette même ligne, ainſi qu'au-deſſus & au-deſſous des parties courbes. La planche douzieme exprime cette poſition & les effets qui en dérivent, leſquels effets font voir les pleins que les lignes horiſontales A B expoſent placés poſitivement comme je viens de le dire. Le bras dans cette poſition eſt un peu éloigné du corps; les doigts qui tiennent la plume ſont dans une forme circulaire. A l'égard de la main, elle doit être plus ou moins renverſée en-dehors, ſuivant ce qu'on veut lui faire exécuter; plus renverſée pour des lignes mixtes, ſpirales, queues d'y grec & autres traits, & moins pour des bouts de lignes & autres effets de plume.

Cette poſition eſt la plus uſitée; elle ſert dans t us les traits & dans le plus grand nombre des lettres capitales.

Sur la troiſieme.

La troiſieme poſition eſt appellée inverſe, parce que la plume, de la maniere dont elle eſt tenue, produit des pleins en remontant. On voit dans la planche douzieme la poſition de la plume avec les effets qui en réſultent. Les pleins que ces effets produiſent ſont annoncés par les lignes obliques A B. Le bras eſt un peu plus éloigné du corps que dans les deux autres poſitions, & la main fait la forme circulaire en avançant ſur le devant du papier.

Cette poſition eſt la moins uſitée de toutes. Elle ſervoit autrefois pour exécuter l'écriture à la ducheſſe qui ne ſe fait plus actuellement. Voyez ce qu'il eſt dit de cette écriture au mot CHEMISE, Ecriture.

Sur les traits.

Les traits ou cadeaux ſont des coups de plume qui ſervent aux maîtres Ecrivains pour embellir leurs pieces d'écritures, & aux Commis pour donner de l'éclat à un titre & à toutes ſortes d'ouvrages. L'origine des traits, à ce qu'on prétend, vient des Arabes ou des Maures. Dans les ſeize & dix-ſeptieme ſiecles on les exécutoit avec la plume groſſe ou moyenne, mais depuis on s'eſt toujours ſervi d'une plume taillée exprès pour cela, comme je l'ai déja dit.

Les traits ſe font du bras & à la volée; on les fait auſſi quelquefois des doigts. Les traits qui repréſentoient des figures d'hommes, des oiſeaux, ont été recherchés dans le ſiecle dernier, & même dans celui qui l'a précédé, mais dans celui où nous vivons on les veut plus ſimples & plus naturels.

La beauté des traits conſiſte dans une grande juſteſſe & dans la néceſſité de les approprier au caractere de chaque écriture. Il faut que dans la ronde ils ſoient plus riches & un peu plus compoſés que dans les autres écritures. Dans la batarde, au contraire, ils doivent être de la plus grande ſimplicité; & pour la coulée, ils doivent tenir le milieu entre les deux; elle ne veut ni du trop ſimple, ni du trop chargé.

Il faut pour réuſſir dans les traits, avoir de l'invention, du goût, de l'ordre & de l'adreſſe. De l'invention, pour varier & ne pas faire des répétitions; du goût, pour diſcerner ce qui peut être convenable; de l'ordre, pour éviter la confuſion; de l'adreſſe enfin, pour placer toutes choſes dans le tour le plus régulier & le plus agréable.

S'il eſt vrai que la juſteſſe des traits annonce une main habile, il eſt vrai auſſi qu'ils donnent beaucoup d'effet & de luſtre à une piece d'écriture. Quand ils manquent tout paroît nud, & ne ſatisfait pas les yeux. C'eſt beaucoup qu'un excellent caractere, mais il faut qu'il ſoit décoré; c'eſt par les traits que l'on y parvient. Ils ſont à l'écriture ce que ſont les habits à une belle perſonne, qui ajoutent à ses graces naturelles; ils ne sont pas l'essence d'une piece d'écriture, mais ils la font paroître & lui donnent un brillant qui séduit.

En terminant, je dirai que dans l'exécution des traits, il est important pour que l'œil ne soit point offusqué, de savoir que deux pleins ainsi que deux déliés ne se coupent jamais, & que l'on doit éviter le plus qu'on peut, le mesquin & le colifichet. Il est des occasions où un trait simple frappé avec feu, vaut mieux qu'un autre où la composition se fait sentir.

PLANCHE XIII.

Des lettres capitales & des passes.

Les lettres capitales qui sont aussi nommées majuscules, se placent toujours au commencement d'un titre & de tel ouvrage que ce puisse être. On les appelle encore lettres d'apparat, parce qu'étant plus grandes que toutes les autres, elles font un bel effet, & qu'on peut les embellir de traits ou de cadeaux. Le grand exercice de ces lettres donne beaucoup de légéreté à la main, car comme elles se font du bras & à la volée, elles accoutument ce même bras à ne se soutenir que sur le bec de la plume. La grandeur de ces lettres se regle sur la grosseur du caractere que l'on trace, c'est-à-dire que si le caractere est gros, les majuscules seront grandes; si au contraire le caractere est petit, les majuscules seront aussi petites : les traits se gouvernent sur le même principe. On doit savoir que toutes les parties qui composent une piece d'écriture doivent être proportionnées & faites les unes pour les autres; sans cela point de grace & d'harmonie. Ces lettres suivent encore le caractere distinctif de chaque écriture, elles sont droites & plus ornées pour la ronde; elles sont panchées & simples pour la batarde. Enfin tout ce que l'on peut dire de plus touchant ces lettres, c'est qu'elles demandent du génie & de l'adresse. Du génie, pour les diversifier suivant les occasions; de l'adresse, pour les jetter sur le papier dans une forme gracieuse, & qui annonce un principe.

Sur les lettres capitales.

Les lettres capitales se mesurent pour l'ordinaire par les principes mêmes des lettres majeures. Elles ont trois corps de hauteur, mais le corps de hauteur n'a point de mesure fixée par un certain nombre de becs de plume; il est plus ou moins grand, suivant la grandeur de la lettre. Les largeurs se reglent de même. Ceci bien entendu, il est facile en voyant la planche treizieme, de distinguer toutes les proportions de ces lettres. Elles sont enfermées entre les quatres lignes horisontales A B; ce qui produit directement les trois corps d'élevation dont je viens de parler. Les queues n'ont point de longueur fixe; elles sont plus ou moins grandes, selon que la place ou le goût le décide. Après ces principes généraux, il faut distinguer les lettres qui se font sur les premiere, seconde & troisieme positions. On croit avoir rendu cette distinction sensible en plaçant au-dessus de chaque lettre des chiffres qui désignent ces différentes positions. Le chiffre 1. marque la premiere; le 2. la seconde, & le 3. la troisieme. Voilà tout ce qu'on peut dire en raccourci de plus important au sujet de ces lettres; il s'agit maintenant de parler sur la maniere de les exécuter. Ces lettres qui se placent toujours hors d'œuvre, c'est-à-dire dans les marges, autant qu'il est possible, se font du bras plus éloigné du corps pour les droites que pour les panchées, & avec la plume à traits. On peut cependant les jetter avec la plume grosse, mais elles n'ont pas à beaucoup près, la même beauté & le même piquant. Pour arriver à la justesse de ces lettres, & les placer dans un régulier parfait, il faut un grand exercice, & savoir se posséder, c'est-à-dire ne pas opérer avec une précipitation non réfléchie, ni avec une lenteur affectée. Il faut voir la lettre avant son exécution, & bien distinguer son effet; sans cela on risque de gâter son ouvrage, & d'y placer un disgracieux qui choquera les moins connoisseurs. Tout ce que je viens d'expliquer peut s'appliquer aux passes sur lesquelles je vais donner quelques instructions.

Des passes.

Les passes dont on voit un modele dans le bas de la planche 13. ne sont autre chose que des abbréviations de mots, c'est-à-dire des mots où l'on a retranché plusieurs lettres pour y ajouter différens coups de plumes entrelassés les uns dans les autres. Ces sortes de mouvemens qui se font tantôt du bras plus ou moins éloigné du corps, & tantôt des doigts, sont les amusemens d'une main légere & vive qui veut s'égayer. Les passes se tirent plus de la ronde que de toute autre écriture. La batarde simple par sa nature n'en exige aucun. La coulée, comme une écriture promte, en peut recevoir beaucoup d'ornemens. Je m'étends peu ici sur les passes, parce que dans l'observation suivante, où je parlerai des licences, j'aurai occasion d'en dire encore quelque chose. L'exercice de ces sortes de caracteres ne doit pas être négligé, parce qu'il donne de la facilité à la main pour écrire.

Des licences.

Les licences ne sont autre chose dans l'écriture que des traits de plumes composés & exécutés par un écrivain pour orner les pieces qu'il met au jour, & qui sortent de sa main. Elles sont à dire vrai, contre les principes; mais quand on les emploie avec jugement, & qu'elles se présentent dans des proportions justes, elles peuvent servir d'exemples, & prouver en même tems qu'un artiste expérimenté peut se mettre quelquefois au-dessus des regles.

On peut distinguer trois sortes de licences : licences d'*abbréviations*, licences de *lettres*, & licences de *cadeaux ou traits*.

Les licences d'abbréviations sont positivement ce que M. Lesgret, habile maître en cet art, attaché à la cour à la fin du dernier siecle, appelloit hâtes, & que nous appellons maintenant passes. On entend, comme je l'ai déja dit, par abbréviations, des mots auxquels on retranche une ou plusieurs lettres, pour y suppléer par de beaux mouvemens qui sont en usage ou inventés exprès.

Les licences de lettres tant mineures que majeures & capitales, sont ce que M. Allais, savant maître écrivain, appelloit lettres sans aucune mesure, parce que l'écrivain peut les augmenter ou les diminuer, pour y ajouter tous les contours qu'il juge à propos pour leur donner de l'étendue & de l'effet.

Les licences de cadeaux sont les mouvemens que l'on ajoute ou que l'on invente pour amplifier un cadeau ou trait simple.

Toutes les licences ne sont permises qu'autant qu'elles peuvent donner de la variété & de la grace à une piece d'écriture, & faire juger de l'adresse & du goût de l'artiste, autrement elles deviennent inutiles & même dangereuses, parce qu'elles gâtent tout.

La difficulté des licences consiste à leur donner les plus exactes proportions qu'il est possible. C'est un travail qui demande avec un goût sûr & vrai, la connoissance parfaite des effets de la plume; sans cela on ne réussit point, & toutes les jettées se trouvent altérées.

PLANCHE XIV.

Des différentes écritures de rondes.

J'ai présenté d'abord les principes de l'art d'écrire réduits aux démonstrations les plus simples & les plus vraies; ils ont été suivis des alphabets mesurés que les François ont en usage; il s'agit maintenant de donner des modeles d'écritures. Comme je ne pouvois m'étendre beaucoup, j'ai partagé chacune de ces écritures en cinq classes. Ce développement, quoique leger, sera plus que suffisant pour faire connoître le génie particulier de ces diverses écritures, & les distinguer par-tout où elles se trouveront. Cependant si l'on desiroit des pieces plus étendues, plus composées de lignes, & plus propres à copier, on pourroit s'adresser à l'auteur de ce petit ouvrage. Il est professeur en cette partie, & tient chez lui académie d'Ecriture & d'Arithmétique. Il peut même satisfaire les amateurs, en leur faisant voir non-seulement une collection de pieces à la main des plus habiles maîtres, mais encore la plus grande partie des ouvrages gravés que les artistes célebres en Ecriture ont donné au public depuis près de deux cent ans; dans l'une & l'autre de ces productions, on trouvera des beautés aussi ingénieuses que surprenantes.

Sur la premiere ronde.

Il convenoit de commencer par la grosse ronde, qui est celle que l'on donne aux jeunes gens après qu'ils ont été exercés sur les principes & les caracteres. Le point essentiel de ce degré d'écriture est de donner la facilité de la forme & plus d'action & de justesse aux doigts. La quitter trop promtement pour passer à des caracteres plus petits, ce seroit vouloir perdre le fruit de son travail. On doit savoir qu'elle est le fondement de toutes les autres, & que plus on la trace long-tems, & plûtôt l'on parvient à la formation aisée & correcte de l'Ecriture. Cet avis pour l'exercice de la grosse ronde, qui regarde aussi les grosses des autres écritures, ne doit pas être négligé. Dans la pratique de cette écriture, & généralement de toutes les autres, on doit s'attacher à l'égalité, & à ne laisser en chaque mot que la distance de deux corps. Celle des lignes, tel qu'on le voit à la quatorzieme planche, est de quatre corps, chaque corps de quatre becs de plume. Cette distance adoptée par les grands maîtres, est la moins embarrassante; les têtes & queues des lettres pouvant se placer sans crainte que les unes passent par-dessus les autres.

Sur la deuxieme.

Cette ronde est celle que l'on appelle moyenne. Une main exercée long-tems à la grosse, & qui la rend selon les regles, peut s'occuper à cette écriture. C'est elle ordinairement qui sert pour les sous-titres, en la traçant plus ou moins grosse, suivant la place & la nature des ouvrages. La distance des lignes se regle sur celle de la grosse, c'est-à-dire de quatre corps.

Sur la troisieme.

Cette ronde est la petite; elle s'écrit posément. On ne doit l'entreprendre que quand on est avancé dans la moyenne. Il faut y travailler beaucoup, parce que les effets de la plume y sont plus difficiles à soutenir que dans la grosse. La distance des lignes est de cinq corps, par la raison que plus l'écriture est petite, & plus cette distance doit être grande, à cause des majeures & têtes & queues des lettres mineures que l'on fait un peu vastes pour donner plus de relief à cette sorte d'écriture & faire voir en même tems la dextérité de la main.

Sur la quatrieme.

Dans la forme de la derniere ronde, il s'en fait une autre que l'on nomme *financiere*, & qui s'écrit plus vîte. Elle est semblable à l'écriture coulée qui en tire son origine; la seule différence qu'il y a entre les deux, c'est que l'une est droite & nourrie, & l'autre panchée & maigre. En faisant cette écriture plus grosse & plus lâche, on formera précisément la grosse de procureur, dont il est parlé au sixieme tome de ce Dictionnaire au *mot* EXPÉDITION. On tient pour la financiere la plume plus longue dans les doigts, & le bras moins appuyé sur la table. La plume doit être plus fendue que pour la petite ronde posée. Pour ce qui est de la distance des lignes, elle se regle sur cinq corps.

Sur la cinquieme.

Cette écriture est de la plus petite ronde, que l'on appelle *minute* lorsqu'elle est travaillée dans le goût de la financiere. Rien n'est si flatteur que cette petite écriture quand elle est posée, soutenue, & qu'elle expose aux yeux la régularité des principes, la délicatesse du toucher, & une certaine gayeté qui la rend pétillante. J'avouerai pourtant qu'elle est difficile, & qu'elle demande avec la main la plus juste, l'attention la plus réfléchie. Pour l'ordinaire dans cette petite écriture, les queues sont plus longues & plus frappées; celles qui vont en se courbant sur la gauche doivent être terminées par un bouton arrondi & sensible. Quoique la distance des lignes soit fixée à six corps, cette regle cependant peut varier; on en donne davantage lorsque l'on veut l'orner de passes & de majeures; on en donne moins, lorsque modérant la hauteur des têtes & la longueur des queues, on veut placer beaucoup d'écritures dans un petit espace. Quand elle se trouve dans ce dernier cas, elle devient une des cinq écritures expédiées dont il est parlé dans le tome sixieme du Dictionnaire, au *mot* EXPÉDITION.

Sur les moyens d'aller droit en écrivant.

On va de travers par différentes causes; lorsque la tête n'est pas droite, lorsque le bras est trop près ou trop loin, lorsque le corps panche à droite ou à gauche. Expliquons mieux ces objets, qui sont intéressans au public.

On va de travers quand la tête incline sur les épaules; si c'est à droite, les lignes descendent; si c'est à gauche, les lignes montent. En mettant la tête dans la direction verticale, on remédiera à ces défauts.

On va de travers quand le bras droit n'est pas posé selon les regles. Lorsqu'il est trop éloigné du corps, il fait monter les lignes & former un caractere pointu; lorsqu'il en est trop près, il fait descendre les lignes & faire un caractere quarré. On évitera ces défauts en se réglant sur les explications de la seconde Planche.

On va de travers quand le corps est mal placé. S'il avance trop sur la droite, il gêne le bras & fait monter les lignes; & s'il panche sur la gauche, les lignes descendent. En se conformant aux regles de la position du corps, on ne tombera pas dans cette faute.

On va encore de travers en écrivant les écritures batardes & coulées, dont l'effet de la pente est d'entraîner naturellement les lignes en bas quand on n'a pas l'attention d'élever chaque lettre un peu plus que celle qui la précede, mais d'une maniere insensible, c'est-à-dire que s'il y a plusieurs jambages de suite, le second doit être imperceptiblement plus haut que le premier, en observant de le descendre imperceptiblement moins bas, & ainsi des autres. Cette regle est immanquable lorsqu'elle se pratique sans excès.

PLANCHE XV.

Des différentes écritures de batardes.

De même que l'écriture ronde, celle que l'on appelle *italienne* & plus ordinairement *batarde*, sera distribuée en cinq classes. Des pieces dans chaque genre plus longues auroient mieux convenu, mais cela ne pouvoit se faire dans cet ouvrage, où l'on étoit fixé à un certain nombre de planches. Quoi qu'il en soit, j'ai fait ensorte dans le peu que j'ai donné, de conserver l'esprit de chacune de ces écritures. Quant à la pratique, on suivra tout ce que j'ai dit aux explications de la planche précédente au sujet de la ronde: Je me restrains ici à ne parler seulement que sur ce qui concerne chaque écriture en particulier.

Sur la premiere.

Cette premiere est précisément ce qu'on nomme *grosse batarde*. C'est par cette écriture que l'on commence un jeune homme qui n'a pas besoin de la ronde. Quand ce caractere est d'une bonne grosseur, on l'appelle *titulaire*, étant toujours employé aux titres supérieurs des ouvrages. Comme le génie de cette écriture est la simplicité, sur-tout en grosse, c'est la raison pour laquelle les lignes n'ont de distance que trois corps. L'exercice de ce caractere est excellent pour former la main, en s'attachant à l'égalité des lettres, à la justesse de la pente & à la situation de la plume. Souvent, lorsque cette situation est négligée, il arrive que la plume se trouve sur l'oblique des doigts; ce qui est un grand défaut, & par conséquent le plus à éviter.

Sur la seconde.

Cette seconde, qui est de la moyenne, est le caractere qui suit la grosse. Il sert pour les sous-titres & pour perfectionner la main des éleves dans son soutien, ce qui n'est pas le plus aisé. La distance des lignes est de trois corps seulement, & celle entre chaque mot dans toutes les écritures est de deux corps. La distance réglée pour les lignes ne cause aucun embarras, parce que dans le travail de la batarde, on suit strictement les principes dans la hauteur des têtes & la longueur des queues, ce qui ne s'observe pas avec tant d'exactitude dans les autres écritures, où la main peut prendre plus d'essor.

Sur la troisieme.

C'est de la petite batarde posée & ordinaire. Comme elle est assez difficile, elle exige dans l'artiste une sureté de main inconcevable, ainsi que toutes les petites en général. Cette écriture n'est susceptible d'aucun ornement étranger; la simplicité en est la base, & sa beauté est le fruit du travail & de l'application.

Sur la quatrieme.

Cette quatrieme espece de batarde est celle que l'on appelloit *batarde coulée*, & qui étoit en usage dans le siecle passé & au commencement de celui-ci. Cette écriture, à laquelle les gens de cour donnent avec raison la préférence, la moins en pratique dans le public, mériteroit d'être adoptée par toutes les dames & les personnes de condition, à cause de sa netteté, qui la rend d'une lecture très-facile. Elle se lie de piés en têtes, non pas comme la coulée ordinaire, dont les jambages sont arrondis à la base & angulaires à leur sommet, mais en faisant sortir la liaison du bas positif des jambages qui sont angulaires, pour être portés au sommet de chacun de ces jambages qui sont arrondis dans le haut. Toutes les têtes sont doublées pour mieux les joindre, & les queues sont terminées sans bouton. La coutume est encore de n'employer dans cette écriture que des lettres semblables & les plus simples, sans chercher à varier leurs formes comme dans les autres écritures. Par toutes ces regles, cette écriture qui se fait en tenant la plume longue dans les doigts, est la seule en batarde qui soit réservée pour l'expédition; aussi est-elle une des cinq dont il est fait mention au sixieme tome de ce Dictionnaire au *mot* EXPÉDITION. La distance ordinaire des lignes est de quatre corps; on peut cependant n'en donner que trois en raccourcissant les têtes & les queues. Enfin cette écriture doit être légere, un peu longue, & ne rien tenir absolument de ce qui pourroit contribuer à la rendre pesante.

Sur la cinquieme.

La cinquieme batarde représente l'écriture usitée pour les manuscrits, sur-tout pour ceux qui sont latins. Elle doit être de la plus grande simplicité, & d'un caractere nourri sans être lourd, & parfaitement soutenu. Les majeures pour l'ordinaire sont romaines, souvent faites en or & remplies d'ornemens. Ce genre d'écriture en manuscrits peut être orné de vignettes, soit simples, soit colorées avec des traits aussi nouveaux que précieux. La distance des lignes varie beaucoup. Pour avoir un principe certain sur ce sujet, j'ai consulté divers ouvrages remarquables par leur brillante exécution. Dans les unes j'ai trouvé deux corps, alors les têtes n'ont d'élevation qu'un demi-corps, & les queues n'ont de longueur que les trois quarts de ce même corps. Dans les autres la distance est de deux corps & demi, alors les têtes s'élevent d'un demi-corps, & les queues descendent d'un corps entier. Il en est encore d'une troisieme espece dont les distances sont de trois corps. C'est celle qui m'a servi de loi, parce qu'elle communique plus de légereté. Dans cette derniere regle les têtes passent d'un corps, & les queues baissent d'un corps & demi. Voilà tout ce que l'on peut dire de plus intéressant sur ce genre d'écrire, qui est beau à la vûe, & long dans l'exécution.

Sur les titres, sous-titres & notes marginales.

Il est peu d'ouvrages en écriture, où il n'y ait un titre supérieur, & quelquefois un sous-titre. L'usage est d'employer la grosse batarde pour l'exécuter, & c'est pour cette raison qu'elle est appellée *titulaire*. On se sert aussi pour le même objet de l'écriture brisée, mais cela est rare. A l'égard des sous-titres, ils se font en moyenne ronde, & aussi en moyenne batarde, lorsque l'on ne fait pas le caractere françois.

Un titre doit être fait proprement & avec symétrie. Il est des occasions où il produit de beaux effets; c'est au génie de l'artiste à les saisir.

La ronde & la coulée ne sont jamais employées pour les titres supérieurs, encore moins certaines écritures que l'on appelle, l'une *coupée*, & l'autre *ondée*, que les ignorans nomment aussi *tremblée*. Ces deux dernieres, qui sentent le colifichet, sont entierement méprisées, & ne servent que pour amuser les enfans & les gens sans goût.

On est obligé souvent de placer dans les marges de quelques ouvrages des notes ou des observations importantes. Elles se font en petite ronde minute, ou en petite batarde. Toutes deux doivent avoir un caractere plus fin que celui de la piece qu'elles accompagnent. Toutes deux doivent avoir de la netteté & de la précision.

PLANCHE XVI.

Des différentes écritures de coulée.

L'écriture coulée doit être divisée, ainsi que les précédentes, en cinq classes, sur chacune desquelles je ne dirai qu'un mot. En général cette écriture est celle qui est la plus en regne & la plus recherchée, parce qu'elle s'écrit plus promtement que les deux autres; mais elle veut être bien faite & bien frappée, pour que la lecture en soit plus facile & plus belle aux yeux, autrement elle fatigue & dégoûte. L'on s'occupe si peu à cette écriture chez les maîtres, qu'il est impossible qu'on puisse l'exécuter dans un bon goût, & lui donner en expédiant une forme correcte & gracieuse. D'où viennent cette négligence & ces mauvaises écritures que l'on voit tous les jours, sinon du peu de cas que l'on fait d'un art qu'on ne peut disconvenir être une des parties essentielles de l'éducation.

Sur la premiere.

Lorsqu'on s'est suffisamment exercé aux lettres, on doit s'appliquer à la grosse coulée, il faut, comme je l'ai déja dit, que la plume soit plus fendue, & qu'elle soit tenue un peu plus longue dans les doigts, pour faciliter la liberté qui dans ce caractere ne s'acquiert que par un grand travail; mais il ne faut pas d'abord précipiter ses mouvemens. Ce n'est qu'après avoir commencé par écrire posément & dans les principes les plus réguliers, qu'on peut les accélérer, en se soutenant dans la même vîtesse. On exerce ainsi la flexion & l'extension des doigts, l'on se fortifie sur la forme, & l'on donne l'habitude au bras de couler légerement sur la table. La distance des lignes doit être de quatre corps. Si cette coulée étoit ornée de passes, on seroit forcé d'en donner cinq & même six.

Sur la deuxieme.

On appelle ce caractere *moyenne coulée*. On doit y travailler jusqu'à ce qu'elle soit soutenue & parfaitement formée; l'écrire ensuite avec plus de vîtesse, sans pourtant se trop précipiter, & en liant les mots tous ensemble s'il est possible. La distance des lignes est de quatre corps.

Sur la troisieme.

La petite coulée posée & ordinaire est l'écriture de la troisieme classe. Elle doit être exercée avec beaucoup d'attention & assez de tems pour se rendre sûr dans ce caractere d'où dép nd l'écriture coulée financiere. Il est évident que plus on aura travaillé à la posée, & plus on brillera dans l'expédition. C'est en faisant cette petite, que l'on doit s'occuper à écrire de la grosse promtement & de suite, comme je l'ai déja observé, parce qu'elle entretient la forme, donne de la consommation, & empêche le progrès des défauts qui pourroient naître. La distance des lignes est de cinq corps.

Sur la quatrieme.

Celle-ci s'appelle *coulée financiere*, parce qu'elle est usitée dans les bureaux. Cette écriture doit être longue, légere, & tous les mots & caracteres doivent se joindre les uns aux autres. La distance des lignes est de trois corps; par la raison que l'on ne donne qu'un corps d'élévation aux têtes, de même qu'un corps de longueur aux queues. Cette regle n'est cependant pas générale; car souvent on fait les têtes & queues plus courtes, ce qu'on appelle *coulée tondue*. Plusieurs peuples embarrassent leur écriture courante, en la faisant avec des têtes & queues plus grandes qu'il ne faut. Les François ont donné dans l'excès opposé, puisque leur expédition est dénuée de ces parties saillantes. L'une & l'autre sont contraires à cette loi sage qui défend de tomber dans les extrêmes; la premiere gâte tout, parce qu'on ajoute plus qu'il ne faut; la seconde n'a plus de forme, & ne peut se lire aisément, parce qu'on sépare d'elle une partie essentielle. Tout ce qui sort des principes perfectionnés par le tems, soutenus par le goût, enseignés par les grands maîtres, tient du bisarre & du ridicule. Cette coulée fait partie des cinq écritures expédiées, dont il est parlé au tome sixieme de ce Dictionnaire, au mot EXPÉDITION.

Sur

Sur la cinquieme.

La coulée de la cinquieme classe est celle que l'on appelle *minute* ou *de la plus petite coulée*. Elle se fait posément & selon les regles ; on l'emploie aussi dans l'expédition. Dans le premier cas elle sert pour les ouvrages en beau, & où il faut également de la régularité & de la délicatesse. Dans le second, elle est employée dans les affaires qui demandent la plus grande promtitude. Cette écriture doit avoir du feu, & être égayée par des têtes un peu longues, & par des queues un peu frappées. On doit pourtant éviter la rencontre de toutes les parties qui pourroient causer de la confusion, & blesser cette belle ordonnance que l'œil aime à trouver dans tout ce qu'il voit. Cette coulée est une des cinq dont il est fait mention au tome sixieme de ce Dictionnaire, au mot EXPEDITION. Pour la posée la distance des lignes est de six corps ; elle varie pour l'expédiée à la volonté des personnes.

Sur les modeles à copier.

Les limites qu'on a fixées à cet ouvrage, n'ayant pas permis de donner des exemples où tous les principes soient exécutés, on a cru nécessaire de dire un mot sur cet objet avantageux pour l'avancement des éleves.

Les exemples sont les pieces d'écritures que l'on donne à imiter aux jeunes gens qui apprennent à écrire. Il en est de deux sortes, la simple & la composée.

La simple est celle que l'on donne à un écolier qui commence. Elle doit être facile, réguliere dans le principe, & peu chargée de cadeaux.

La composée est pour ceux qui sont avancés, & dont la main est parvenue à une certaine sureté. Elle doit être variée, d'une correction parfaite, & renfermer des beautés aussi nouvelles qu'ingénieuses. C'est dans ces sortes de pieces où le maître fait voir l'étendue de son génie & la justesse de sa main, que l'éleve trouve toujours à profiter.

Un exemple trop fort pour un commençant, retarde ses progrès, le rebute, & lui fait perdre du tems ; il en est de même pour un éleve avancé, aux yeux duquel on expose un exemple où le maître n'a fait que se répéter.

Rien n'est plus contraire encore à l'avancement, que de copier de mauvaises pieces. Elles gâtent le goût, & conduisent à la défectueuse construction des lettres. Tout ce qu'on donne à imiter en un mot, doit être proportionné à la conception & à la force de celui qui apprend, & ne représenter par-tout que la grace & la perfection.

Principes particuliers de chacune des lettres des alphabets, ronde, batarde & coulée, conformément aux démonstrations & instructions des Planches de l'Ecriture, destinées pour le Dictionnaire encyclopédique.

A.

Dans l'écriture ronde la lettre A est composée d'un O, sur la partie montante duquel on place la premiere partie de la même lettre O. On observera que les pleins du centre de ces deux parties courbes doivent se trouver posés l'un sur l'autre. *Voyez* la Pl. VII. où est la démonstration de l'O, & Pl. IX. de l'alphabet rond.

L'A batarde, est composé d'un C & d'un J. Il se commence par un plein revers en remontant. Ce plein revers est précisément ce qui forme la tête du C, lequel ne doit avoir qu'un bec de plume d'élevation. Cette tête est suivie de la premiere partie courbe de l'O, qui se termine par un délié élevé de l'angle du pouce à la tête du C. Le pouce ensuite remet la plume sur le plein, pour former un à-plomb panché ou un J. Cet J prend sa source un demi-bec de plume au-dessus de la tête du C. En descendant il renferme cette tête, & produit au bas de l'à-plomb une rondeur suivie d'une liaison remontante. *Voyez* l'alphabet batarde, Pl. X.

Dans la coulée il se trouve deux sortes d'A. L'un se fait comme celui de ronde, mais panché & plus long. L'autre ne differe en rien à celui de batarde. *Voyez* la Pl. VII. de la démonstration de l'O, & la Pl. XI. de l'alphabet coulée.

L'action simple des doigts pliant & allongeant, suffit pour exécuter tous ces différens A.

B.

Le B rond dans l'écriture commence par un plein revers en remontant, ce qui produit la tête, laquelle ne doit avoir qu'un bec de plume fort. Ce plein est suivi des deux premieres parties de la ligne mixte, au bas de laquelle on ajoute la fin de la partie descendante de l'O, ainsi que la partie remontante entiere de la même lettre O. On ne doit pas s'arrêter dans l'exécution de cette lettre. *Voyez* la démonstration de la ligne mixte, Pl. VI. celle de l'O, Pl. VII. & l'alphabet rond, Pl. IX.

Le B batarde est composé d'un à-plomb sur la ligne oblique, à l'extrémité duquel se trouve le bas de la partie descendante de l'O, suivie de la partie montante entiere de la même lettre O. On observera que le B batarde se commence par un trait délié courbe, enlevé de l'angle du pouce, sur lequel l'à-plomb retombe. *Voyez* la démonstration de l'O, Pl. VII. & l'alphabet batarde, Pl. X.

Le B coulée est semblable à celui de batarde, excepté cependant que sa tête est courbe, &, pour ainsi dire, double, puisqu'elle compose deux parties, l'une montante, & l'autre descendante. Cette lettre commence, la plume étant dans la situation requise, par un délié oblique, courbe & en montant ; ce qui produit insensiblement un plein & une largeur qui doit répondre à celle que cette lettre exige. *Voyez* l'alphabet coulée, Pl. XI.

Les doigts, dans la formation de ces trois lettres, n'ont d'autres mouvemens que ceux d'allonger pour commencer, de plier pour continuer, & d'allonger encore pour finir.

C.

Dans les trois écritures les C ont une intime ressemblance. Ils sont composés des parties courbe, descendante & radicale, auxquelles on ajoute en commençant un plein revers de la hauteur d'un bec de plume fort. Ces trois lettres se finissent par une liaison produite de l'angle du pouce. On observera que dans l'écriture ronde le C est perpendiculaire & panché, & plus long dans les autres écritures. *Voyez* les figures radicales, Pl. VI. & les alphabets, Pl. IX. X. & XI.

Dans la formation de ces trois C, le mouvement des doigts est simple, c'est-à-dire allongeant & pliant également.

D.

Dans les trois écritures la lettre D se fait de la même maniere & sur les mêmes regles. Il est droit en ronde, & panché & plus long en batarde & coulée. Le D est composé de la partie courbe descendante radicale, ou de la premiere partie de l'O, ainsi que de la seconde partie de la même lettre O, en observant pourtant que cette seconde partie doit être élevée en courbant d'un demi-corps au-dessus de la premiere, & venir se terminer par un délié vis-à-vis d'elle à la gauche. *Voyez* les figures radicales, Pl. V. la démonstration de l'O, Pl. VII. & les Pl. IX. X. & XI. des alphabets.

Le mouvement des doigts, quoique simple, est un peu plus sensible dans l'extension pour la partie montante. Il le seroit encore davantage, si l'on vouloit élever les dernieres parties des D plus hautes, ainsi qu'on peut les voir dans la deuxieme ligne de la Pl. VIII. des exercices préparatoires.

E.

La lettre E dans l'écriture ronde est composée de la partie courbe descendante radicale, terminée par une liaison formée de l'angle du pouce, & d'une pareille rondeur infiniment plus petite, mise sur l'extrémité du délié d'en-haut. Cette tête ou cette petite rondeur n'a qu'un bec de plume de profondeur ; & elle ne doit entrer que très-peu dans l'intérieur de la premiere partie. Il est encore un autre E rond, qui est final dans une ronde posée, & qui se met indifféremment par-tout dans une ronde financiere. On fait cet E en commençant par un trait délié montant de gauche à droite, continué d'un plein arrondi, où se trouve à la suite la partie courbe descendante radicale qui vient tomber fur le trait délié fin qui a commencé cette lettre, lequel délié doit fe trouver précifément au milieu de la rondeur defcendante.

Les E batarde & coulée font femblables à ce dernier; la feule différence confifte dans la longueur & la pente, & dans les têtes qui font un peu plus larges. *Voyez* pour les uns & les autres de ces E, la Pl. VI. des figures radicales, & les Pl. IX. X. & XI. des alphabets.

Le mouvement fimple des doigts fuffit pour former tous ces E.

F.

Dans les écritures rondes, batardes & coulées, la lettre F eft affez femblable. Pour parvenir à la formation de cet élément, on doit s'exercer à la ligne mixte, dont la démonftration fe voit à la Pl. VI. Cette ligne mixte donnera indubitablement la lettre F, en y ajoutant par en haut un plein revers de la hauteur d'un fort bec de plume; & par en bas un autre plein auffi revers, en remontant pour arrondir en-dedans, & finir par un bouton. Ce dernier plein revers fe fait en allongeant les doigts, & en tenant la plume avec plus de fermeté pour mieux le foutenir. On obfervera que cette lettre fe fait depuis la tête jufqu'au bouton fans aucune reprife, fans changement de fituation, & qu'elle fe tranche précifément à la hauteur du corps de l'écriture. *Voyez* les Pl. IX. X. & XI. des alphabets.

Le plus grand mouvement des doigts dans l'exécution de cette lettre, eft celui de la flexion, le pouce pliant dans fes deux jointures un peu fortement.

G.

Dans l'écriture ronde la lettre G eft compofée d'un O & des deux portions de la ligne mixte, auxquelles on ajoute en bas un plein courbe, revers en remontant pour finir en formant un bouton. On obfervera que le commencement de ce qui concerne la ligne mixte, doit fe prendre au milieu & fur le plein pofitif de la partie montante de l'O. Il eft un autre G en ronde, conforme au premier quant à la tête, mais il differe dans le pié, en ce qu'il n'a qu'un corps de largeur, & qu'il fe termine par une liaifon qui au-deffous de la tête coupe le plein pour paffer en-dehors. *Voyez* la Pl. VI. des figures radicales, la Pl. VII. de la démonftration de l'O, & la Pl. IX. de l'alphabet rond.

Le G batarde & coulée eft compofé d'un C & des deux dernieres parties de la ligne mixte, auxquelles on joint un plein revers courbe en remontant avec un bouton. Il eft à obferver que le commencement de la ligne mixte fe prend un demi-bec de plume au-deffus de la tête du C, fur laquelle elle retombe en defcendant; & que l'on éleve du bas du C au commencement de la ligne mixte, un délié courbe formé de l'angle du pouce. Il eft encore un autre G pour la coulée qui eft femblable au fecond de ronde, puifqu'il commence par un O. Les queues des G coulée font plus ou moins grandes, felon la volonté de l'écrivain, & fuivant le caractere de l'ouvrage. *Voyez* les Pl. X. & XI. des alphabets.

Dans le travail de toutes ces lettres, la flexion des doigts eft plus forte que l'extenfion.

H.

La lettre H dans l'écriture ronde a deux parties diftinctes. La premiere commence par la tête du C, auquel fe joignent les deux premieres portions de la ligne mixte. La feconde, qui eft toute courbe, fe prend à la premiere partie un peu au-deffus de fa bafe, par un trait délié arrondi, qui fe continue fur le plein en defcendant, & qui va enfuite à gauche pour remonter en courbant vis-à-vis la ligne mixte. Cette derniere partie fe termine par une liaifon, qui en fortant fur la droite, paffe fur la rondeur defcendante. *Voyez* la Pl. VI. des figures radicales, & la Pl. IX. de l'alphabet rond.

L'H en batarde & coulée, eft compofée d'un grand à-plomb précédé d'une liaifon courbe enlevée par l'angle du pouce fur lequel il retombe. A cette premiere partie on ajoute une rondeur à droite, & defcendante à la même bafe de l'à-plomb prife par un trait délié dans l'à-plomb même; cette rondeur fe finit par une liaifon qui la coupe au tiers d'en-bas en remontant & en fortant en-dehors. Il y a pourtant une différence entre ces deux H. Celui de coulée a plus que l'autre, en ce que la tête eft courbe & double, reffemblante à celle du B, fur laquelle on pourra fe conformer. *Voyez* les alphabets batardes & coulées, Pl. X. & XI.

La flexion des doigts eft le mouvement le plus confidérable pour l'exécution de ces trois lettres.

I.

Dans les écritures rondes, batardes & coulées, les I font femblables & fe font de la même maniere. Ils commencent par un trait délié montant de gauche à droite, fuivi d'un à-plomb defcendant, ordinairement perpendiculaire pour la ronde, & panché pour la batarde & la coulée. Cet à-plomb fe termine par une rondeur & une liaifon remontante produite de l'angle du pouce. Il eft encore un autre I qui a une queue. Il eft formé des deux dernieres portions de la ligne mixte, auxquelles on ajoute un plein revers courbe en remontant fur la gauche, terminé par une liaifon qui paffe fur la ligne mixte en fortant fur la droite. *Voyez* la Pl. VI. des figures radicales, & celles des alphabets IX. X. & XI. On obfervera que le point fe met pofitivement au-deffus de cette lettre à un corps d'élevation, & que ce point doit former un quarré dans l'obliquité que la fituation de la plume exige pour le caractere qu'elle exécute. Le mouvement des doigts eft fimple. Il y a feulement dans l'J à queue plus de flexion.

L.

Dans l'écriture ronde l'L eft compofée de la tête du C avec les deux premieres parties de la ligne mixte, auxquelles on ajoute pour terminer une rondeur & une liaifon remontante produite par l'angle du pouce. *Voyez* la Pl. VI. des figures radicales, & la Pl. IX de l'alphabet rond.

Dans la batarde un grand à-plomb panché, précédé d'une liaifon courbe qui monte au fommet, quoique cette liaifon ne paroiffe qu'au milieu, parce que l'à-plomb retombe deffus en defcendant, compofe cette lettre. A la bafe de cet à-plomb eft une rondeur fuivie d'une liaifon remontante. *Voyez* l'alphabet batarde, Pl. X.

L'L coulée fe termine de même que celle de batarde; la feule différence qu'il y a de cette lettre à l'autre, confifte dans la tête qui eft courbe, & qui eft femblable à celle du B. Confultez l'explication de cette lettre, & *voyez* l'alphabet coulée, Pl. XI.

Dans la forme de ces trois lettres, les doigts ont plus de flexion que d'extenfion.

M.

L'M dans l'écriture ronde commence par un délié montant de gauche à droite, fuivi d'un à-plomb defcendant & arrondi dans la bafe où fe trouve enfuite un délié courbe formé par l'angle du pouce. Ce délié monte à la tête du fecond à-plomb, lequel fe termine de même que le premier, pour aller au troifieme à-plomb ou jambage qui finit ainfi que les autres, par une rondeur & une liaifon. Pour rendre cette lettre dans la perfection, on obfervera les préceptes fuivans. Que les à-plombs ne doivent point en defcendant retomber fur les déliés; qu'avant de produire chaque jambage, il faut remettre la plume fur fa fituation requife; qu'il faut dégager les doigts de deffous dans le haut de chaque à-plomb; que les rondeurs du bas des jambages ne doivent avoir qu'un bec de plume & demi de plein courbe; que tous les à-plombs doivent être perpendiculaires & égaux, tant à la fommité qu'à la bafe. Enfin que cette lettre doit être faite fans interruption. *Voyez* l'alphabet rond, Pl. IX. & les inftructions de la Pl. X. fur le dégagement des doigts.

L'M batarde commence par un délié montant de gauche à droite, fuivi d'un jambage panché & angulaire dans fes extrémités. Au tiers du bas de ce jambage, la plume placée fur l'angle du pouce fait fortir un délié courbe, qui dans le haut produit, en remettant la plume fur le plein par l'action du pouce, une rondeur continuée d'un à-plomb. Au tiers encore de ce fecond à-plomb, fe prend de même un délié, qui dans le haut forme une rondeur, & enfuite le troifieme à-plomb ou jambage arrondi dans le bas, ayant après une liaifon remontante. Il eft à remarquer dans cette lettre, que les jambages doivent être égaux & dans une égale pente; qu'elle fe fait fans reprife, & en dégageant les deux doigts de deſſous dans le bas de chaque à-plomb; que les rondeurs du haut des deux derniers jambages, n'ont de plein courbe qu'un bec de plume & demi. *Voyez* l'alphabet batarde, Pl. X.

L'M coulée ſe fait de la même maniere que celle de ronde, & elle y reſſemble beaucoup. Elle y differe pourtant en ce qu'elle eſt panchée & plus longue. *Voyez* l'alphabet coulée, Pl. XI.

Dans la conſtruction de ces lettres, le mouvement des doigts eſt ſimple; l'extenſion étant égale à la flexion.

N.

L'on ne s'étendra pas ſur les N ronde, batarde & coulée, par la raiſon qu'elles s'exécutent comme les M. Conſultez les explications de ces lettres, & *voyez* les alphabets, Pl. IX. X. & XI.

Il eſt encore en ronde & en coulée une autre N, qui a une queue, & qui ne ſe place qu'à la fin des mots. Elle eſt compoſée de la partie droite deſcendante radicale, & d'une partie courbe priſe par un délié au milieu de l'à-plomb, & qui s'arrondiſſant ſur la droite, va en gagnant la gauche, ſe terminer un corps au-deſſous de l'à-plomb par un délié. On obſervera qu'à la ſommité, la rondeur eſt élevée au même niveau de l'à-plomb. *Voyez* la Pl. VI. des figures radicales, & celles des alphabets ronde & coulée, IX. & XI.

Le mouvement ſimple des doigts eſt le ſeul en uſage dans toutes ces lettres, il y a ſeulement dans les N à queue un peu plus de flexion.

O.

On ne parlera point ici des principes de la lettre O. Elle eſt démontrée & expliquée à la Pl. VII. que l'on pourra conſulter. *Voyez* les alphabets, Pl. IX. X. & XI.

P.

Dans l'écriture ronde, le P eſt compoſé des deux dernieres portions de la ligne mixte, auxquelles on ajoute en-bas un plein revers courbe en remontant ſur la gauche, avec un bouton à l'extrémité. Les trois quarts de l'O forment la tête de cette lettre; c'eſt ſur le plein de la ligne mixte, & à un demi-corps plus bas que ſon ſommet, que l'on commence à poſer cette tête. Le P n'eſt point fermé. *Voyez* la Pl. VI. des figures radicales, & la Pl. IX. de l'alphabet rond.

Le P batarde eſt formé des deux dernieres parties de la ligne mixte, terminées par un plein revers & bouton. Un peu au-deſſous de la ſommité de cette ligne mixte, commence la tête. Elle ſe forme par un trait délié & plein, en rondeur ſur la droite, qui revient enſuite ſur la gauche pour produire en-dedans un petit plein revers courbe, finiſſant par une liaiſon qui paſſe en-dehors au tiers d'en-bas de la rondeur de la tête. *Voyez* la Pl. VI. des figures radicales, & la Pl. X. de l'alphabet batarde.

Le P coulée eſt ſemblable à celui de ronde, mais il eſt plus long & panché. *Voyez* la Pl. XI. de l'alphabet coulée.

La flexion eſt plus grande que l'extenſion dans la formation de toutes ces lettres.

Q.

Dans l'écriture ronde le Q eſt compoſé d'un O ſur la partie montante, duquel on fait tomber un grand à-plomb, précédé d'une petite rondeur venant de droite à gauche. *Voyez* la Pl. VII. de la démonſtration de l'O, & la Pl. IX. de l'alphabet rond.

Dans la batarde le Q eſt compoſé de la lettre O & d'un grand à-plomb qui retombe ſur la tête & ſur le délié que l'angle du pouce y a conduit, parce que cette lettre ſe fait de ſuite. *Voyez* la Pl. X de l'alphabet batarde.

Le Q coulée eſt ſemblable à ce dernier. Il en eſt un autre, quoique panché, qui ſe trace comme celui de ronde, mais ſans rondeur au commencement de l'à-plomb. *Voyez* la Pl. XI. de l'alphabet coulée.

La flexion des doigts eſt le mouvement qui domine le plus dans la conſtruction de ces lettres.

R.

Dans l'écriture ronde, il eſt deux R en uſage. Le premier eſt briſé, & commence par un trait délié en montant, ſuivi d'une rondeur qui avance un peu ſur la droite, & qui ne doit être creuſe que d'un fort bec de plume. Au-deſſous de cette rondeur, & ſans la quitter dans l'exécution, ſe produit la premiere partie courbe deſcendante radicale. Ces deux rondeurs ne ſe placent point vis-à-vis l'une de l'autre; au contraire, la plus petite ou la tête, doit avancer plus que la grande ſur la gauche d'un bec de plume. Le ſecond R eſt compoſé de la premiere partie droite deſcendante radicale, & de la partie montante de l'O joint enſemble & fait de ſuite. *Voyez* la Pl. VI. des figures radicales, la Pl. VII. de la démonſtration de l'O, & la Pl. IX. de l'alphabet rond.

Dans la batarde, il y a trois R différens. Le premier, qui eſt le plus uſité, eſt formé d'un à-plomb panché & précédé d'un délié. Du tiers d'en-bas de cet à-plomb la plume ſur l'angle du pouce, produit un délié qui remonte en courbant juſqu'à la ſommité de l'à-plomb pour former enſuite un plein en rondeur, qui n'a qu'un fort bec de plume. Le ſecond eſt compoſé d'un J, & de la partie courbe montante de l'O. Le troiſieme eſt renverſé & briſé, c'eſt-à-dire qu'il commence par en-haut & par une rondeur panchée de droite à gauche, laquelle ne doit deſcendre qu'aux deux tiers de ſa hauteur. Au-deſſous de cette rondeur, on en ajoute une autre, pareille quant à la forme, mais moitié plus petite. Cette derniere & petite rondeur doit ſe trouver avec la premiere ou la grande rondeur, dans la même ligne de pente. *Voyez* la Pl. X. de l'alphabet batarde.

En coulée il ſe forme quatre ſortes d'R. Le premier eſt conforme à celui de ronde briſé. Les trois autres ſont pareils à ceux de batarde, & dont je viens de donner une idée. *Voyez* la Pl. XI. de l'alphabet coulée.

Pour l'exécution de toutes ces lettres, l'action ſimple des doigts pliant & allongeant ſuffit.

S.

Dans l'écriture ronde il y a deux S en uſage. La premiere commence par un délié montant de gauche à droite, ſur lequel on revient un peu pour former une rondeur d'une petite étendue & creuſe d'un bec de plume. Elle eſt ſuivie d'une autre rondeur plus grande, & qui deſcendant en bombant ſur la droite, va inſenſiblement ſur la gauche pour remonter par un plein revers courbe, & ſe terminer par un bouton en-dedans. La ſeconde S eſt compoſée de trois parties courbes, dont la ſeconde eſt plus petite que les deux autres, ſe poſe au milieu de la largeur que doit avoir la lettre, & ſur le délié préciſément qui a commencé la premiere rondeur. *Voyez* la Pl. IX. de l'alphabet rond.

Dans la batarde les S ſont ſemblables à celle de ronde, mais panchées & plus longues. *Voyez* la Pl. X. de l'alphabet batarde.

Dans la coulée, c'eſt la même choſe. Il y a pourtant encore une autre S qui ne ſe met qu'à la fin des mots, & qui eſt très en uſage dans l'écriture financiere. Elle ſe commence par en-bas, en formant, en remontant ſur le plein de la plume, une rondeur, ſuivie d'un délié courbe en-dedans, & qui avance ſur la droite pour produire une autre rondeur qui prend ſa naiſſance à l'extrémité de ce délié courbe; cette derniere rondeur en deſcendant ſur la même pente de la premiere, ſe termine par une liaiſon. *Voyez* la Pl. XI. de l'alphabet coulée.

Dans toutes ſes lettres, il ne faut que le mouvement ſimple des doigts.

T.

Dans l'écriture ronde, il ſe trouve deux différens T. Le premier eſt formé d'un à-plomb précédé d'un délié, & terminé par une rondeur & une liaiſon. Ce T ne paſſe au-deſſus de ſon tranchant que d'un demi-corps. L'autre T eſt compoſé d'un petit à-plomb, à la baſe duquel on ajoute une rondeur, qui s'élevant d'un bec de plume fort, s'étend en deſcendant ſur la droite pour finir par un plein arrondi en dedans. *Voyez* la Pl. IX. de l'alphabet rond.

Pour la batarde & la coulée, ce ſont les mêmes T, mais panchés & plus grands. *Voyez* les Pl. X. & XI. des alphabets.

Les doigts plians & allongeans font le mouvement ſuffiſant pour exécuter ces lettres.

V.

Dans l'écriture ronde, de même que dans les écritures batardes & coulées, il eſt de deux ſortes d'V; l'U voyelle & l'V conſonne. L'U voyelle ſe commence par un trait délié, montant de gauche à droite, ſuivie de la partie droite deſcendante radicale, que l'on termine par une rondeur & un délié courbe produit de l'angle du pouce. On éleve ce délié au ſommet du ſecond à-plomb, que l'on fait enſuite retomber deſſus. Le bas de ce ſecond à-plomb s'arrondit, & ſe finit par une liaiſon de même que le premier. On obſervera que les rondeurs du bas des à-plombs ont deux becs de plume. Que le délié du premier jambage au ſecond, doit être enfermé juſqu'au milieu de ſa hauteur. Que cette lettre ſe fait de ſuite en mettant les deux jambages à la même ſommité & baſe, & en prenant le ſoin de remettre la plume ſur la poſition requiſe, avant de commencer le ſecond jambage. L'V conſonne commence par un délié en montant, ſur lequel on retombe un peu pour former la premiere partie courbe de cette lettre. Vers le milieu, cette partie courbe revient toujours en deſcendant ſur la droite, pour finir au milieu de ſa largeur par un délié un peu arrondi. Preſque au-deſſus de ce délié d'en-bas, on éleve ſimplement la partie montante de l'O. On remarquera que cette lettre n'a qu'un bec de plume fort d'ouverture. *Voyez* la Pl. IX. de l'alphabet rond.

Dans la batarde & la coulée ces deux V ſe font de la même maniere. Ils ſont ſeulement panchés & plus longs. *Voyez* les Pl. X. & XI. des alphabets batarde & coulée.

Il ne faut, pour former ces lettres, que l'action ſimple des doigts.

X.

Dans les trois écritures, la lettre X eſt reſſemblante. Elle eſt compoſée de deux rondeurs addoſſées enſemble, ou de deux C, l'un renverſé & l'autre dans ſon ſens naturel. La premiere partie commence par un délié en montant, ſuivie d'un plein courbe à droite, lequel revient à gauche pour finir par un revers de plume en remontant, ou par un bouton. La ſeconde, qui s'applique ſur la premiere, eſt poſitivement la figure courbe deſcendante radicale, précédée d'un plein revers à droite, qui lui ſert de tête, & qui n'a d'élevation qu'un bec de plume. L'X en ronde, eſt perpendiculaire; dans les autres écritures, elle eſt panchée & plus longue. *Voyez* la Pl. VI. des figures radicales, & celles des alphabets, IX. X. & XI.

Pour cette lettre, il faut le mouvement ſimple des doigts.

Y.

L'Y grec dans l'écriture ronde ſe fait en tenant la plume ſur la troiſieme ſituation. *Voyez* la Pl. V. Il ſe commence par un trait délié montant de gauche à droite, ſuivi d'une petite rondeur en-dedans, continuée d'un plein courbe en-deſſous, & en deſcendant toujours ſur la droite pour finir par un délié. Cette premiere partie eſt accompagnée d'une ſeconde à queue, qui acheve cette lettre. Elle ſe commence à ſon milieu par un délié pris dans le plein, & un peu en montant pour arrondir en deſcendant, & venir toucher à l'extrémité à droite de la premiere partie. Cette ſeconde partie ſe continue toujours en deſcendant, & en allant ſur la gauche pour remonter par un plein courbe revers, & finir par un bouton en-dedans. Il eſt encore en ronde un autre Y grec qui commence par un trait délié courbe en montant, ſuivi d'un plein arrondi, continué par un petit à-plomb terminé par un plein courbe & par une liaiſon montante au ſommet de la ſeconde partie, qui en deſcendant, retombe deſſus. Cette ſeconde partie eſt compoſée des deux dernieres portions de la ligne mixte, ſuivies d'un plein revers en remontant, & d'une liaiſon qui paſſe en-dehors au-deſſous de la premiere partie. *Voyez* la Pl. VI. des figures radicales, & la Pl. IX. de l'alphabet rond.

Les Y grecs batarde & coulée ſe rapportent à cette derniere; mais ils y ſont panchés & plus longs. *Voyez* les Pl. X. & XI. des alphabets batarde & coulée.

Dans toutes ces lettres, la flexion des doigts eſt très-forte.

Z.

La lettre Z dans l'écriture ronde, ſe commence par un délié courbe, en montant de gauche à droite, ſuivi d'un plein en rondeur à droite, & puis à gauche. Cette lettre ſe continue par une autre rondeur plus grande, qui va en deſcendant ſur la droite, & puis revient inſenſiblement ſur la gauche pour terminer par un plein revers en remontant, accompagné d'un bouton. Il y a encore un autre Z qui ne ſe place qu'à la fin des mots. Il ſe commence par la tête de l'R briſé, & ſe continue d'une ligne panchée de droite à gauche, avec une rondeur ou un pié ſemblable à celui du T final. Ces deux lettres ſe font ſur la troiſieme ſituation. *Voyez* la Pl. IX. de l'alphabet rond.

Les Z dans les écritures batarde & coulée, ont la même figure, & ſe font de la même maniere; mais ils ont de la pente, & ſont plus longs. *Voyez* les Pl. X. & XI. des alphabets batarde & coulée.

Le mouvement ſimple des doigts eſt employé dans la conſtruction de ces lettres; la flexion cependant eſt beaucoup plus grande que l'extenſion.

Nous devons ces exemples & nos Pl. à M. Paillaſſon.

L'Art d'Ecrire
réduit
a des démonstrations vraies et
faciles,
AVEC
des Explications claires,
pour
Le Dictionnaire des Arts.
par
Paillasson Expert Ecrivain
Juré.
Aubin. Sculpsit.

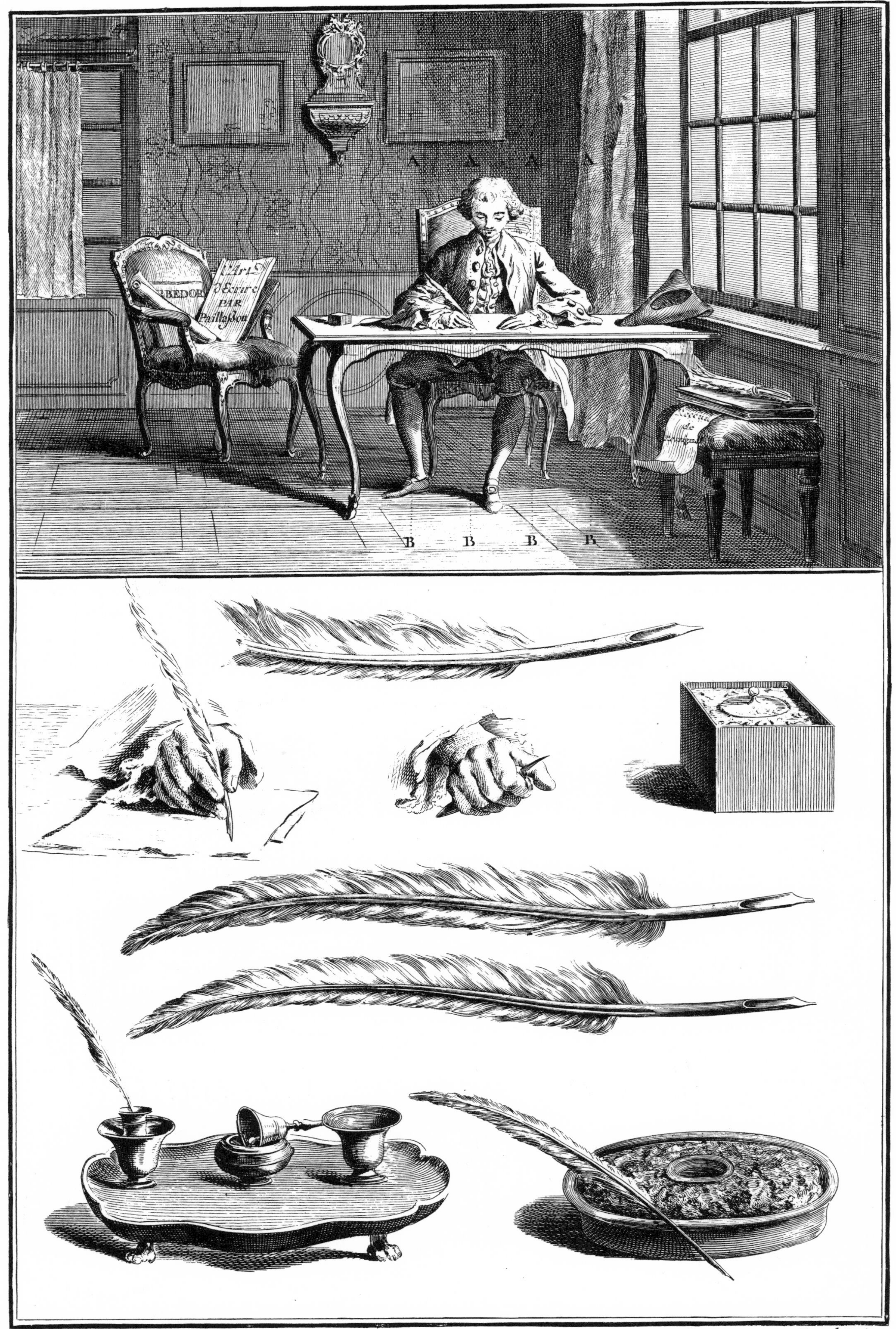

Benard Fecit.

Art d'Ecrire.

Benard Fecit.

Art d'Ecrire.

Coupes différentes de la Plume.

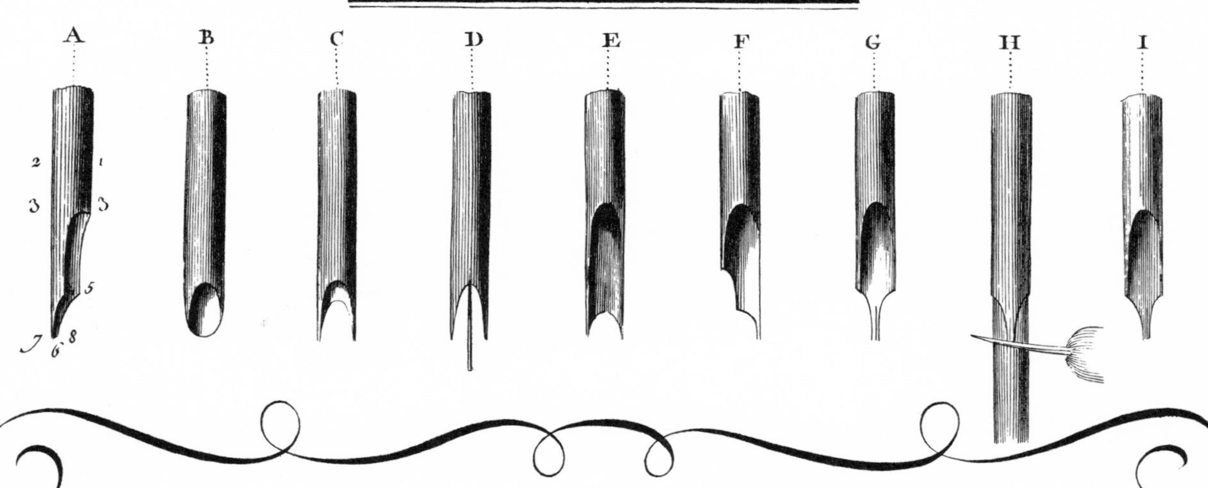

Proportions d'une Plume taillée

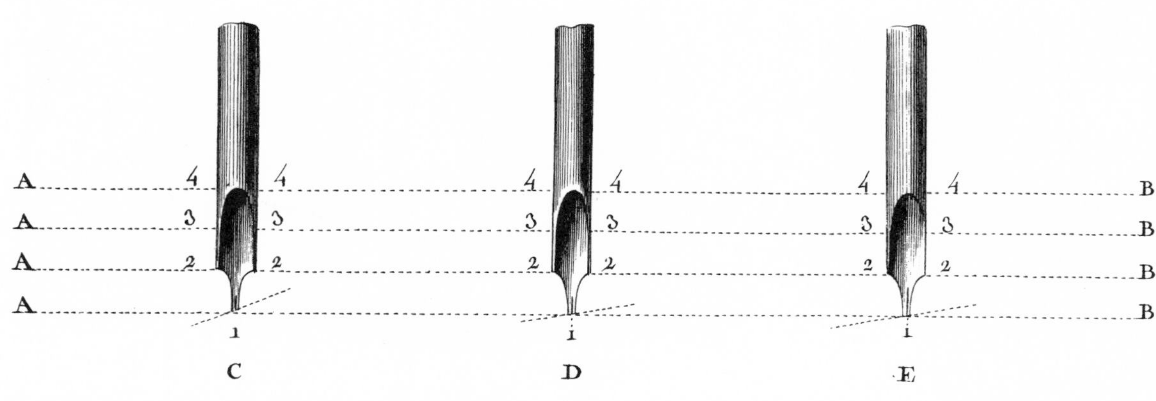

Paillasson Scrip.

Aubin Sculp.

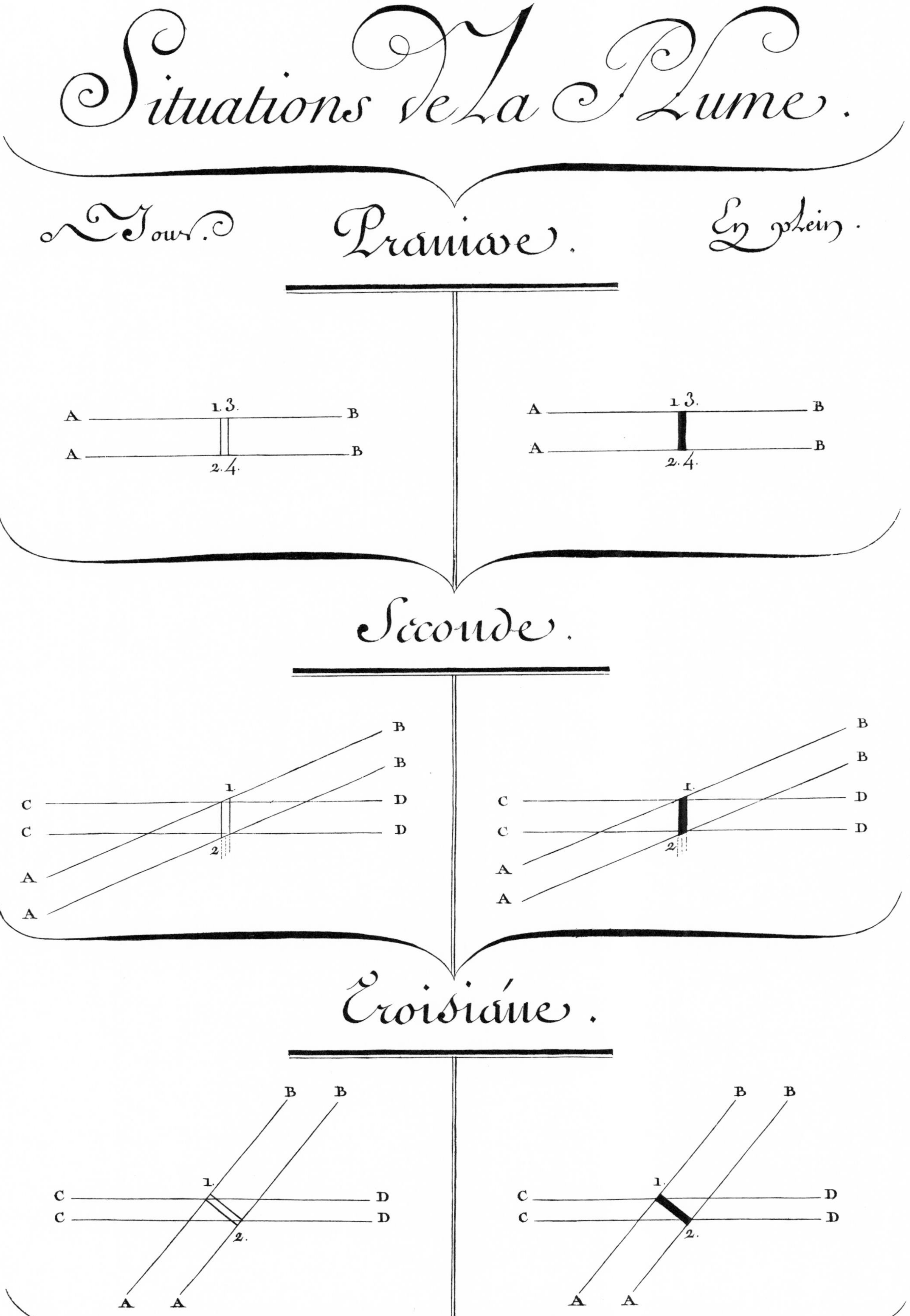

Paillasson Scrip. Aubin Sculp.

Des Figures Radicales.

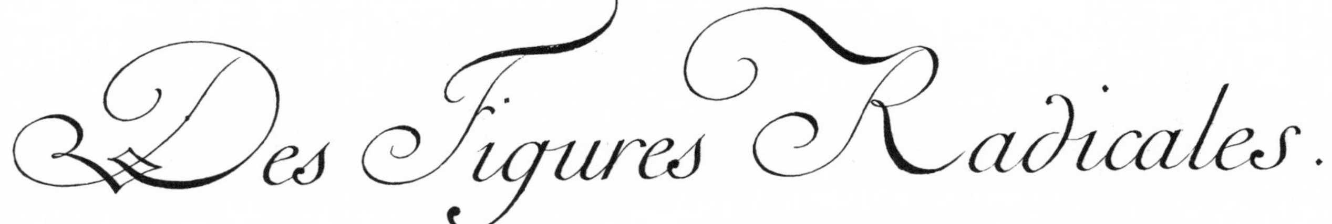

Pour la Ronde ou la françoise.

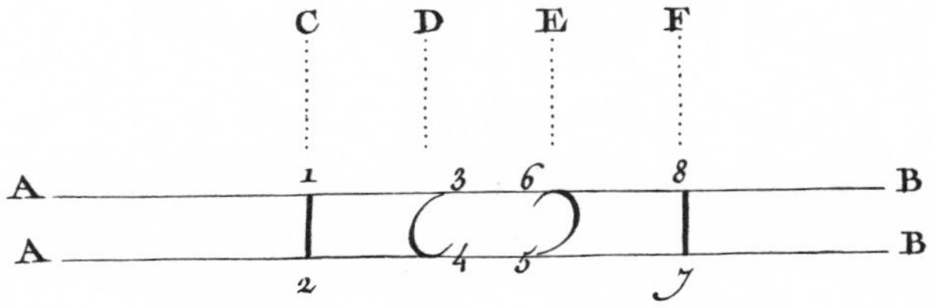

Pour la Batarde et Coulée.

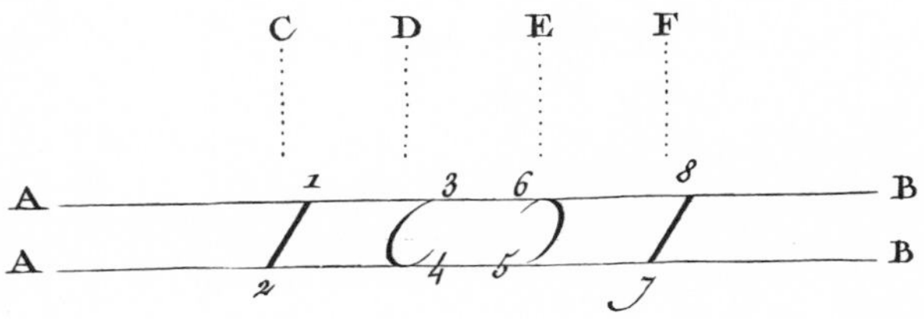

Réduction des deux Lignes aux plans.

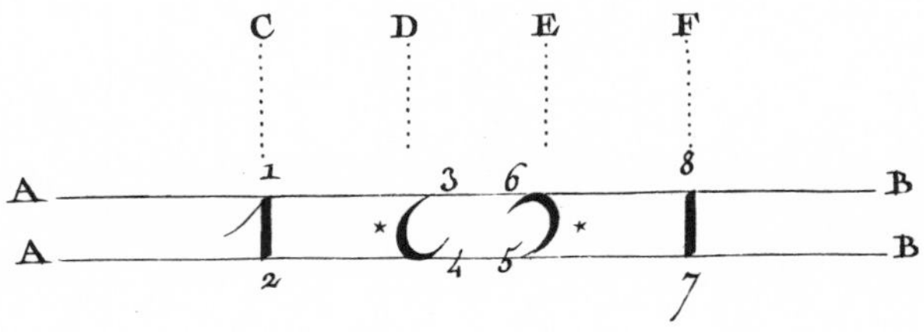

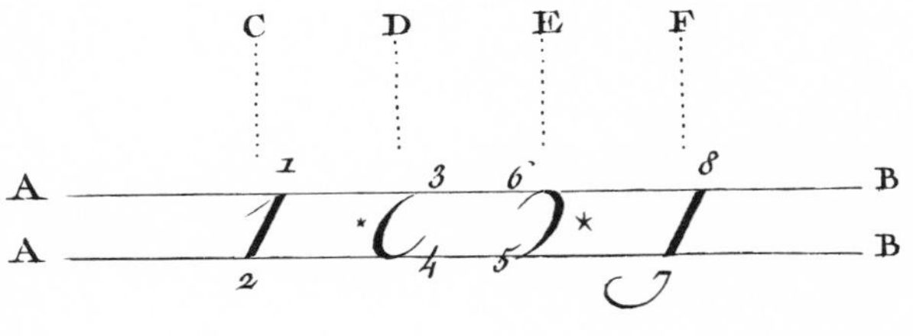

Démonstration de la Ligne mixte.

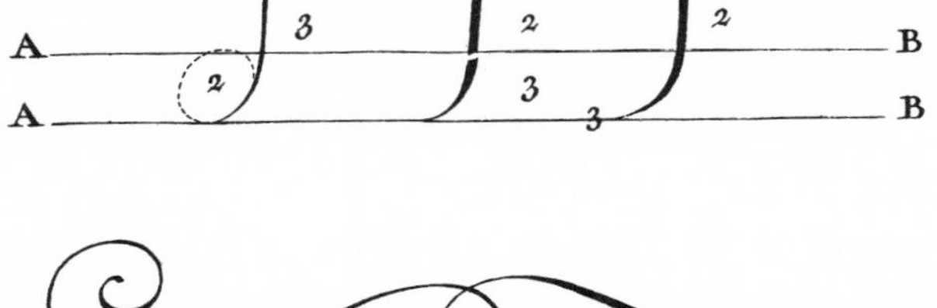

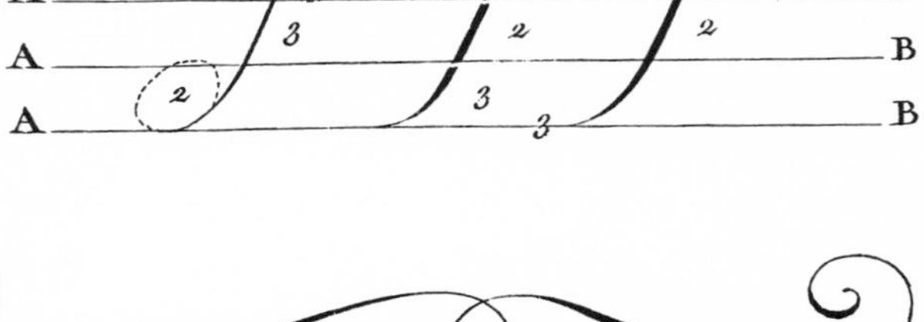

Paillasson Scrip.

Aubin Sculp.

Hauteur, Largeur et Pente des Ecritures.

La Ronde.

La Batarde.

Principes de l'O, Rond.

Principes de l'O, Batarde.

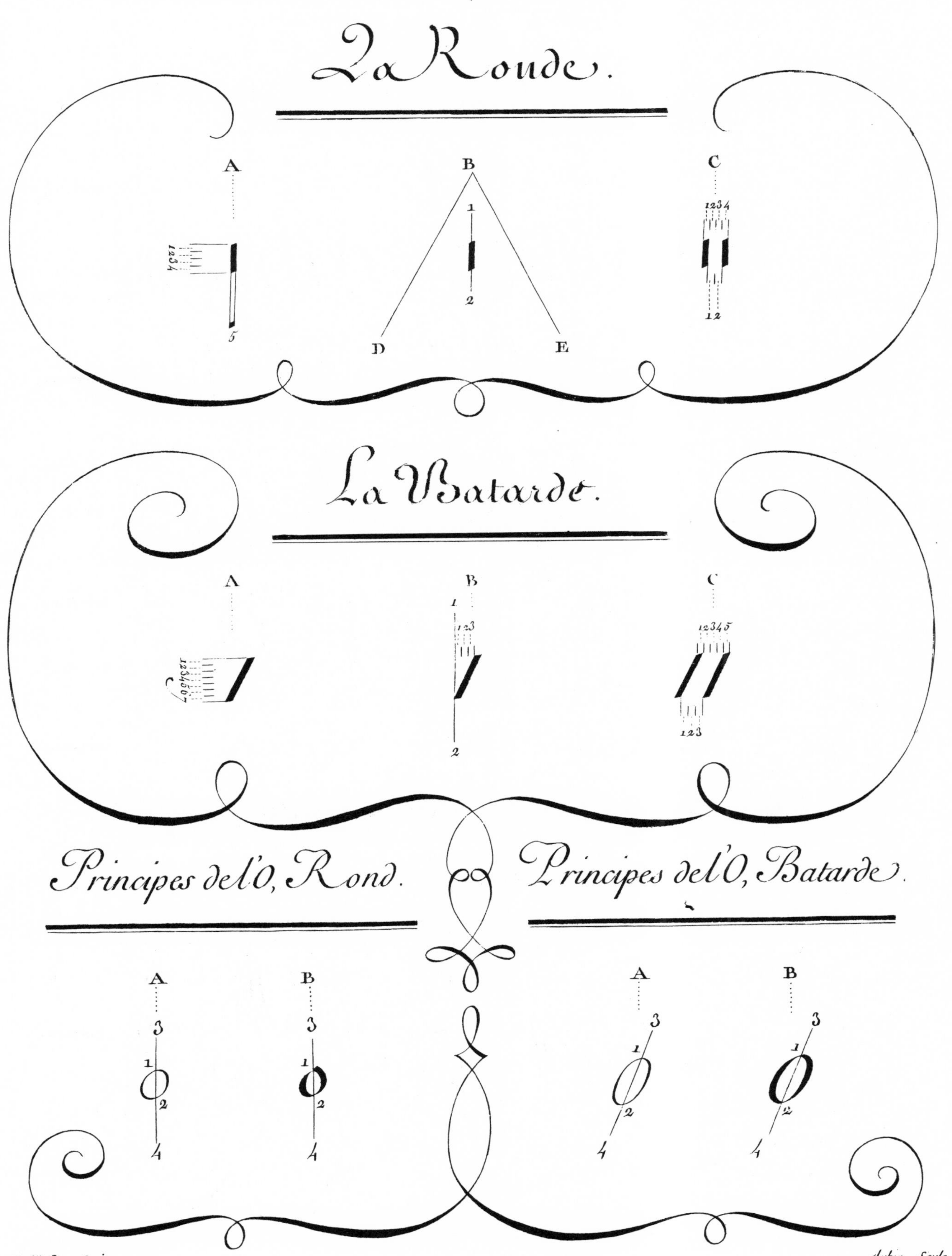

Paillasson Scrip.   Aubin Sculp.

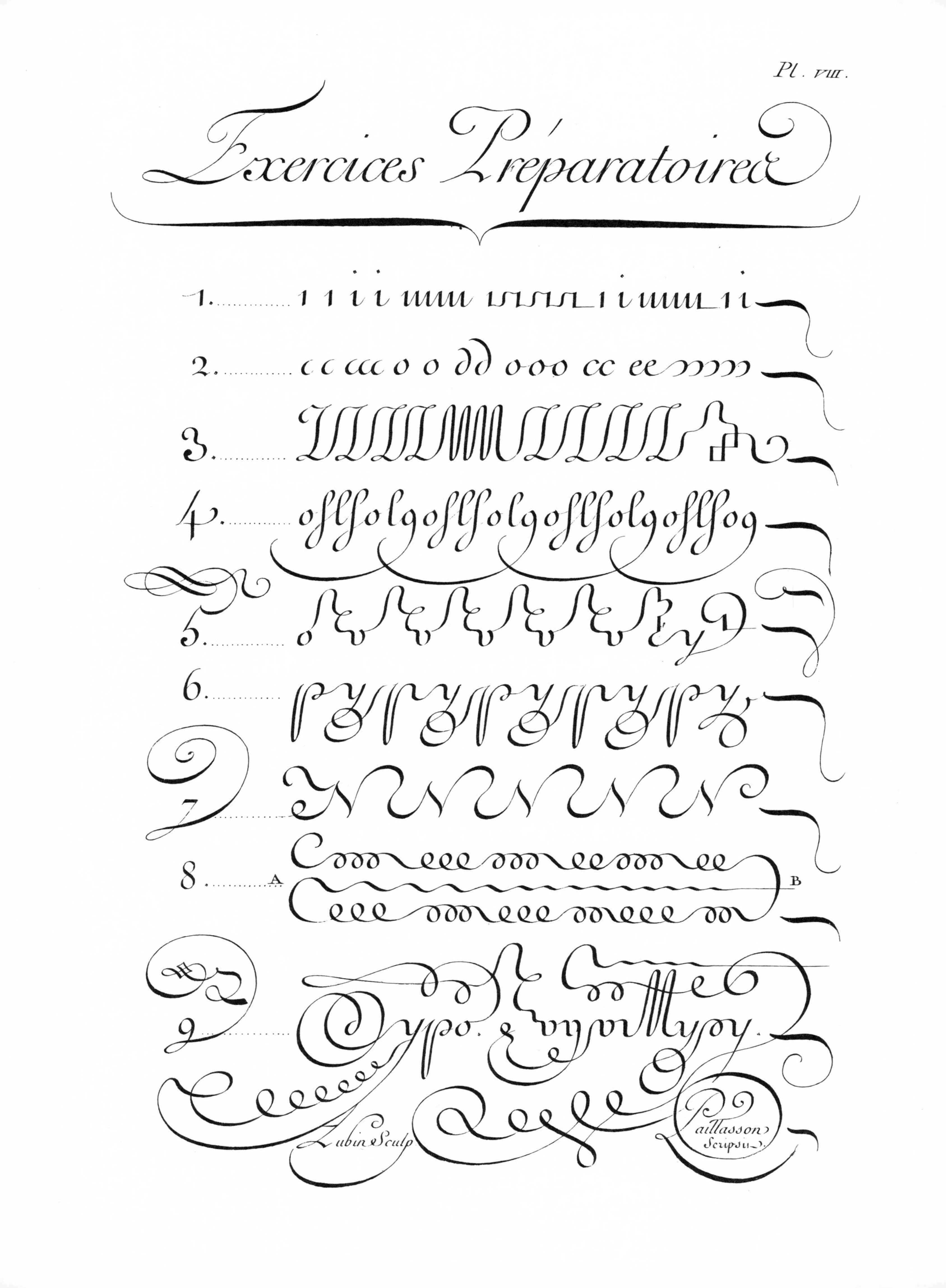

Exercices Préparatoires

1.

2.

3.

4.

5.

6.

7.

8. A B

9.

Aubin Sculp

Paillasson Scripsit.

Alphabets des Lettres Rondes.
Minaur.
Majaur.
Alphabet Lié.
Aubin Sculpsit.
Paillasson Scripsit.

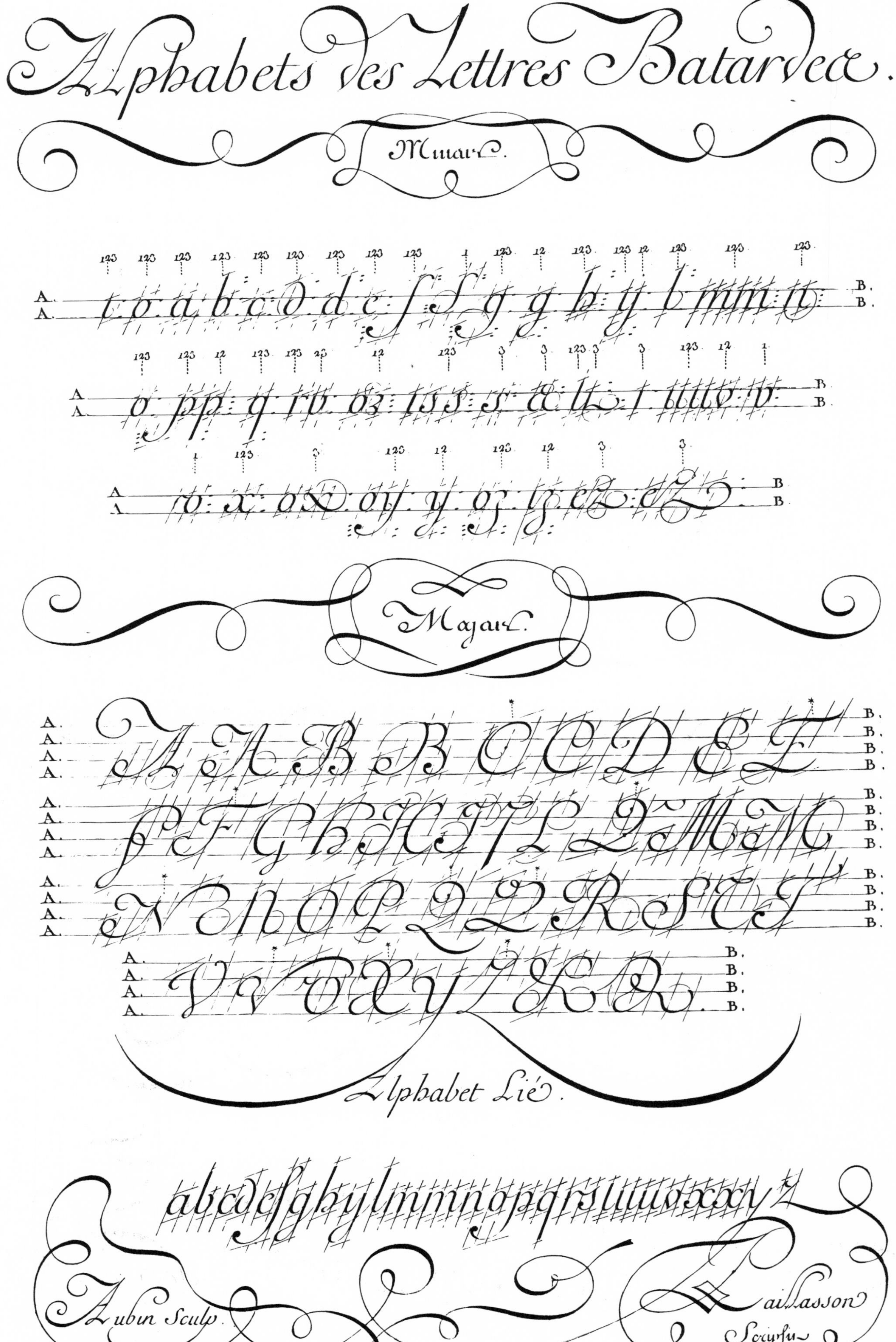
Alphabets des Lettres Batardes.
Minuscule.
Majuscule.
Alphabet Lié.
Aubin Sculp.
Paillasson Scripsit

Paillasson Scrip. Aubin Sculp.

Taille de la Plume à Traits.

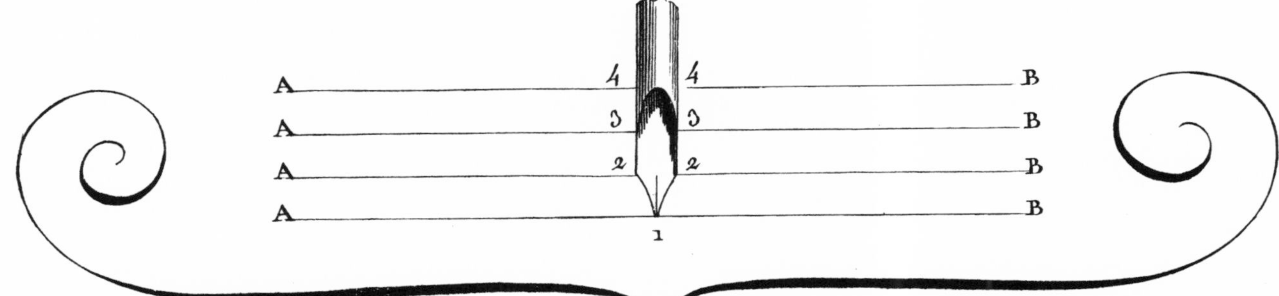

Premiere Position.

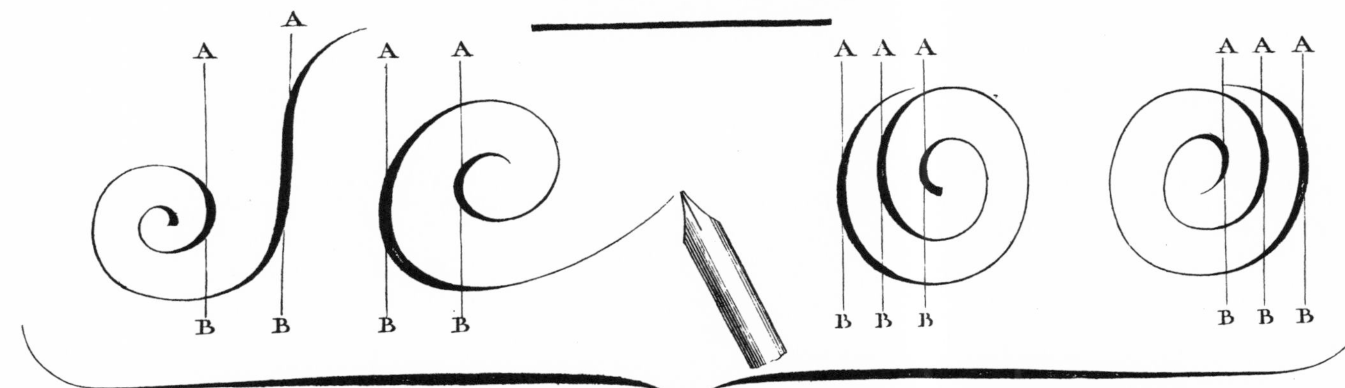

Seconde.

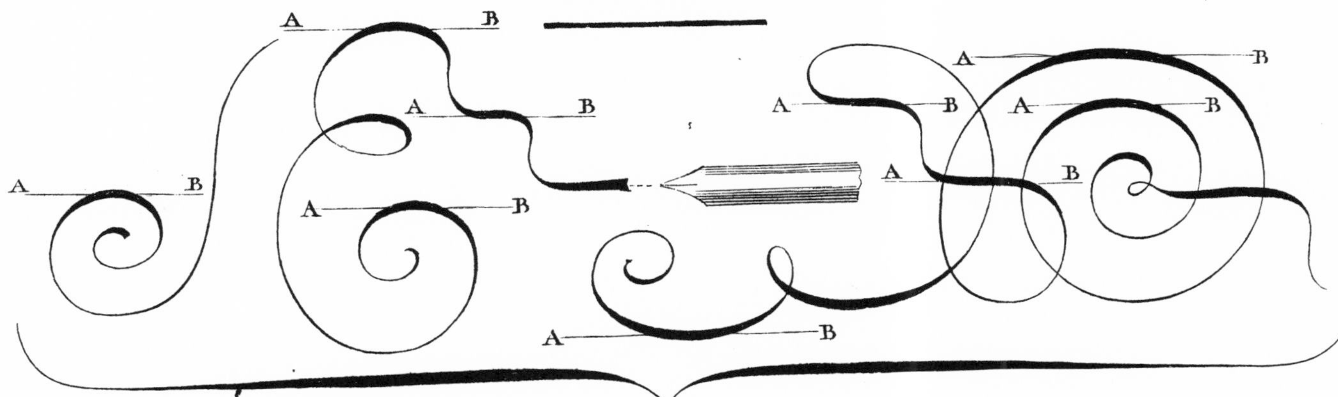

Troisième.

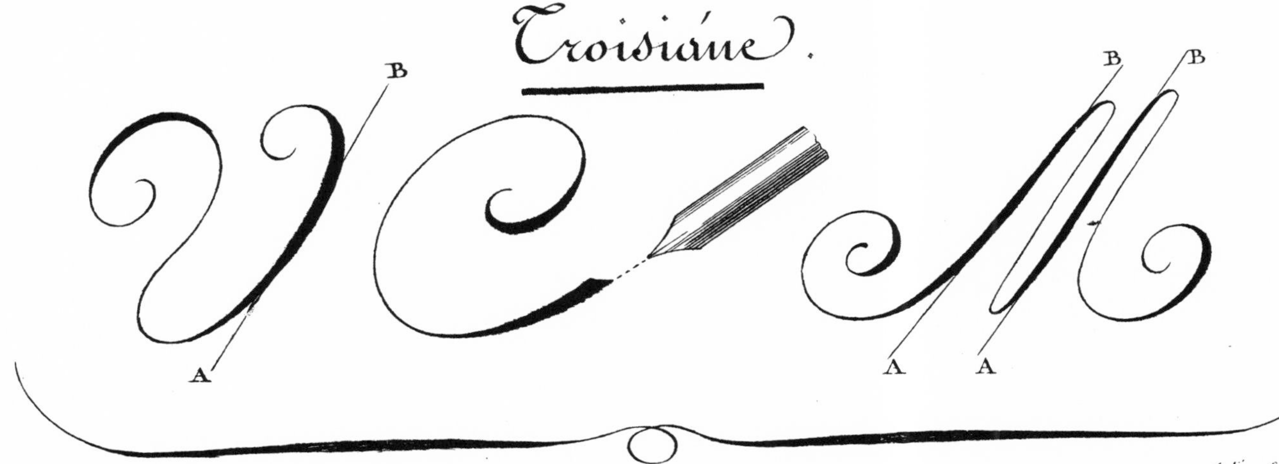

Paillasson Scrip.

Aubin Sculp.

Paillasson Scrip. Aubin Sculp.

Différentes Écritures de Rondes.

Différentes Ecritures de Batardee.
Frémont de Loznigmy
Recev.r à Vmmieres
1. Corps.
On aime a déviner Les autres, mais
on n'aime pas a être Déviné.
2. Corps.
Nous aimons toûjours ceux qui nous admirent
et nous n'aimons pas ceux que nous admirons.
3. Corps.
Il y a du mérite sans Elévation, mais il n'y
a point d'Elévation sans quelque Mérite.
4. Corps.
5. Corps.
Hujus unius rei usu scimus maximè
constare humanitatem vitæ, memoriam,
ac hominum immortalitatem. Pline.
Aubin. Sculpsit.
Paillasson. Scripsit.

Différentes Ecritures de Couleée

CARACTERES ET ALPHABETS

DE LANGUES MORTES ET VIVANTES,

Contenant vingt-cinq Planches.

On ose se flater que le public verra avec plaisir le recueil d'alphabets anciens & modernes que nous lui présentons. Il n'est pas aussi ample ni aussi détaillé que nous l'eussions desiré ; mais nous pouvons au moins assurer qu'il est plus exact que tout ce qui a paru jusqu'ici en ce genre. Nous avons eu l'attention de ne tracer ces alphabets que d'après les meilleurs originaux que nous avons pû recouvrer ; & souvent nous en avons eu plusieurs sous les yeux pour nous guider dans le choix que nous en devions faire. Ceux que l'on trouve en assez grand nombre dans le tresor des langues de Duret, & dans d'autres recueils, sont mal exécutés, & sans choix ; plusieurs même sont entiérement faux & imaginaires. Nous espérons que l'on ne nous fera point un pareil reproche. Nous avons mieux aimé nous contenter d'un petit nombre, que d'en hasarder un seul. La plûpart des alphabets indiens compris dans ce recueil, ont été envoyés de Pondichéri, il y a trente ans au moins. On avoit dessein alors, à la sollicitation des missionnaires françois, d'en faire graver les poinçons à Paris, pour établir plusieurs imprimeries aux Indes, à l'exemple des Danois, qui y avoient dèslors une imprimerie tamoule ou malabare. On doit juger par-là, de l'exactitude de ces alphabets, & du degré de confiance qu'on doit leur donner.

Comme il doit régner de l'ordre partout, il n'est point hors de propos de rendre compte ici de celui que nous avons observé par rapport à ces alphabets. Nous avons cru devoir débuter par l'hébreu & les autres alphabets qui en dérivent, comme le samaritain, le syriaque, l'arabe, l'égyptien, le phénicien, le palmyrénien, le syro-galiléen, l'éthiopien ; de-là nous passons aux anciens alphabets grecs & latins, & aux différens alphabets européens, qui dérivent manifestement des précédens ; viennent ensuite les alphabets arméniens, géorgiens, & celui de l'ancien persan, qui paroissent n'avoir aucun rapport avec les précédens, ni pour la forme des caracteres, ni pour les dénominations. Nous avons placé à la suite de ceux ci, les alphabets indiens, le grandan, l'hanscret, le bengale, le talenga, le tamoul, le siamois, le bali, le thibétan, le tartare mouantcheou, & le japonnois ; enfin nous avons terminé notre recueil par les clés chinoises. Le chinois pourroit disputer d'antiquité avec l'hébreu & le samaritain ; mais comme c'est une écriture figurée, & dans l'origine, représentative des objets signifiés ; qu'elle n'a conséquemment aucune relation avec les caracteres alphabétiques, nous avons cru pouvoir lui assigner ce rang, sans pour cela avoir aucun dessein de contester sa haute antiquité, dont je suis très-persuadé.

PLANCHE Iere.

Hébreu & Samaritain.

Les Hébreux ont vingt-deux lettres ; leurs dénominations sont significatives. *Aleph* signifie boeuf, chef ; *beth*, maison ; *ghimel*, un chameau ; *daleth*, porte ; *vav*, un crochet ; *zaïn*, trait, glaive, massue ; *cheth*, un quadrupede, un sac ; *theth*, boue ; *iod*, la main ; *caph*, la paume de la main ; *lamed*, pointe pour animer le bœuf au travail ; *mem*, tache ou eau ; *noun*, poisson, race, lignée ; *samech*, appui ; *aïn*, l'œil ; *phe*, la bouche, le visage ; *tsade*, les côtés ; *coph*, singe ; *resch*, la tète ; *schin*, les dents ; *tav*, terme, borne. Comme il y a déja beaucoup de siecles que la langue hébraïque n'est plus une langue vivante, on ne peut répondre que tous ces noms signifient précisément ce qu'on leur fait signifier ici ; mais il y en a plusieurs dont on est assuré. Ces dénominations, selon moi, prouvent deux choses, la premiere, que les caracteres alphabétiques des Hébreux avoient été empruntés des lettres sacrées ou hiérogrammes des Egyptiens ; la seconde, que ces lettres hébraïques, telles que nous les présentons ici, non plus que les samaritaines, ne sont point de la premiere antiquité, puisqu'elles devroient figurer les choses qu'elles signifient. Cependant à mettre en parallele les lettres hébraïques avec les samaritaines, & en les examinant attentivement d'après cette idée, je ne doute aucunement qu'on ne donne la prééminence aux lettres samaritaines ; elles retiennent plus de leur ancienne origine, que les lettres hébraïques ; mais je suis persuadé que les unes & les autres viennent constamment des Egyptiens, qui sans-doute avoient formé leur alphabet de quelques-unes de leurs lettres sacerdotales ou hiérogrammes ; peut-être même doit-on envisager ces dénominations *aleph*, *beth*, *&c.* comme les anciens noms égyptiens de ces lettres.

Les Hébreux comptent quatorze points-voyelles, dont cinq longs, cinq brefs, & quatre très-brefs. Les cinq longs & les cinq brefs sont appellés *mélakim*, ou les *rois* ; les cinq très-brefs sont les *ministres*. Les dénominations de ces points-voyelles, qui sont *camets*, *tsere*, *chirek*, *cholem*, *patach*, *&c.* ont leurs significations dans la langue hébraïque, quoique Capelle soutienne le contraire, & qu'il prétende que ce sont des mots étrangers à cette langue. *Camets* signifie le *compresseur*, parce qu'il faut serrer les levres pour le prononcer ; *patach*, *apertor*, parce qu'il oblige à ouvrir les levres, *&c.*

Outre ces points-voyelles que l'on voit dans la Planche, les Hébreux en ont encore d'autres, que je n'aurois point omis, si cette Planche n'eût point été déja gravée lorsque j'ai eu la direction de ces alphabets. Ces points sont le *dagesch*, qui se met dans le ventre de la lettre, & sert à la doubler ; le *mappik*, qui est un point qui se met dans le *he* final, & le rend mobile. Les Hébreux ont aussi un grand nombre d'accens ; savoir, douze qui se mettent sous les lettres, dix-huit qui se mettent dessus, quatre qui se mettent dessus & dessous, un qui se met à côté. Ces accens servent à avertir d'élever ou de baisser la voix ; il y a les accens aigu, grave & circonflexe ; d'autres servent à distinguer les différens membres d'une phrase ; enfin il en est aussi dont on ignore l'usage, mais qu'on ne laisse pas, nonobstant cela, de marquer dans le texte hébreu de la Bible, avec la plus sévere exactitude. Les doctes hébraïsans ont eu de grandes disputes entr'eux sur l'origine & l'antiquité de ces points & de ces accens ; les uns, par un excès de zele, ont prétendu soutenir que cette quantité prodigieuse de points & d'accens étoit aussi ancienne que les lettres mêmes ; leurs adversaires, au contraire, ont soutenu qu'ils étoient nouveaux, & de l'invention des Massoretes, qui trouverent le moyen de fixer la leçon du texte sacré, par l'appoſition de ces points-voyelles & des autres remarques marginales. Mais il y a, je crois, un milieu à prendre entre deux ſentimens ſi oppoſés; il ne s'agit que de réduire cette ponctuation hébraïque à la ſimplicité de la ponctuation arabe, & on verra que tout le reſte n'a été imaginé que pour une plus grande exactitude, à cauſe de la profonde vénération que l'on a eu pour le texte hébreu. Maſclef, chanoine d'Amiens, s'aviſa en 1716, de publier une grammaire hébraïque, dans laquelle rejettant & l'antiquité des points, & l'autorité de la maſſore, il prétendit qu'on devoit donner aux lettres hébraïques le ſon qu'elles ont dans l'alphabet; ainſi par-tout où il ſe trouveroit un *beth*, *ghimel*, *daleth*, *&c.* il falloit prononcer *be*, *ghi*, *da*, *&c.* enſorte que ſuivant ce nouveau ſyſtème, au lieu de *moſcheh*, *canaan*, *manaſcheh*. *ſelomoh*, il faudra lire, *meſchih*, *canouan*, *menouſchih*, *ſimaleh* : ſyſtème auſſi ridicule que mal conçû, & qui ne tend pas moins qu'à renverſer toute la grammaire hébraïque. „ *Quo nomine tantam adſiciam temeritatem*, *non invenio*, dit le ſavant M. „ Schultenz, *hoc non eſt illudere tantum orbi erudito*, „ *ſed etiam inſultare. Publicum*, *ſuamque in eo famam*, „ *parum curent neceſſe eſt, qui talia ſcribere audent. Ne* „ *mentionem quidem feciſſem tantæ vanitatis, niſi materia coëgiſſet.* En effet, l'ignorance groſſiere qui fait la baſe de tout ce ſyſtème, eſt telle que je n'euſſe point rapporté moi-même ces paroles de M. Schultenz, ſi je n'avois eu deſſein de détourner pluſieurs perſonnes, qui encore aujourd'hui à Paris, perdent leur tems à vouloir apprendre l'hébreu d'après ces principes.

PLANCHE II.

Syriaque & Stranghelo.

La langue ſyriaque, appellée en divers tems, *langue chaldéenne* ou *babyloniene*, *araméene*, *aſſyriene*, fut encore nommée *hébraïque*, non qu'on la confondît avec l'ancien hébreu, mais parce qu'elle étoit devenue la langue vulgaire des Juifs, depuis leur retour de la captivité de Babylone, & qu'elle l'étoit encore du tems de Jeſus-Chriſt. Il paroît conſtant qu'une partie des livres du nouveau Teſtament ont été écrits en ſyriaque. Les termes de *boanerges*, *raca*, *mammouna*, *barjona*, *cephas*, *&c.* répandus dans le nouveau Teſtament, ſont ſyriens; ce qui doit rendre l'étude de cette langue recommandable aux Chrétiens. Les dénominations des lettres de l'alphabet ſyriaque ne ſont preſque point différentes des hébraïques. Ces lettres ſervent également de chiffres; Les lettres *youd*, *koph*, *lomadh*, *mim*, *noun*, *ſem kath*, *ee*, *phe*, *ſſode*, avec un point deſſus, valent 100, 200, 300, 400, 500, 600, 700, 800, 900. L'*olaf* avec un trait ſemblable à notre accent grave, au-deſſous, vaut 1000; le *beth*, avec un pareil trait, 2000; le même *olaf*, avec un trait horiſontal mis deſſous, vaut 10000; le *youdh*, avec un pareil trait deſſous, vaut 100000; cette même barre miſe ſous un *koph*, vaut un million; une eſpece d'accent circonflexe mis ſous l'*olaf*, exprime dix millions; ſous le *beth*, vingt millions, & ainſi des autres lettres de l'alphabet.

Aujourd'hui on ne parle plus la langue ſyriaque; la langue vulgaire des Syriens & des Maronites eſt l'arabe; enſorte que le ſyrien, comme parmi nous le latin, eſt la langue de l'Egliſe & des livres ſaints. Lorſque les Syriens veulent écrire en arabe ſans être entendus des Mahométans, ils ſe ſervent des caracteres ſyriens; & comme les Arabes ont ſix lettres de plus que les Syriens, ſavoir les lettres *thſe*, *cha*, *dhſal*, *dad*, *da* & *gain*, ils y ſuppléent en ajoutant un point aux lettres *tav*, *koph*, *dolath*, *ſſodhe*, *tteth* & *ee*. Le ſyriaque eſt auſſi la langue ſavante des Chrétiens de ſaint Thomas, dans les Indes. J'ai quelques-uns de leurs livres écrits dans un caractere qui tient beaucoup du ſtranghelo, entr'autres l'évangile de ſaint Thomas, dont on trouve une verſion latine dans le recueil des faux évangiles de Fabricius, & qu'on a condamné à Rome, comme un livre apocryphe dont on n'avoit pû recouvrer l'original. Le ſyriaque en eſt auſſi pur que celui du nouveau Teſtament; leur écriture eſt fort belle & ronde, elle a cela de particulier que les lettres *dolath*, *reſch* & *zain* reſſemblent, ſavoir les deux premieres au *dal* des Arabes, & le *zain* au *vav*. On remarquera que les Syriens appellent encore leurs points-voyelles des noms d'*Abrohom*, *Eſchaia*, *Odom* & *Ouriah*, qui ſont autant de noms propres, dont la premiere lettre a le ſon d'une de ces voyelles.

Les Syriens Neſtoriens étoient fort répandus dans la Tartarie vers le douzieme ſiecle; ils y avoient établi leurs miſſions. L'an 1625, des maçons trouverent à la Chine, dans un petit village près de Sighanfou, capitale de la province de Chenſi, une grande pierre de marbre, contenant une inſcription en très-beaux caracteres chinois, qui prouve que les Syriens entrerent à la Chine dès le ſixieme ſiecle ſous le regne de l'empereur Taitçom, & que depuis cette époque juſqu'en l'année 782, qui eſt la date de l'érection de ce monument, la religion chrétienne y avoit fait de rapides progrès ſous la protection des empereurs. Ce monument, qui eſt peut-être le plus beau qu'on puiſſe voir en ce genre, contient en marge, & en caractere ſtranghelo, les ſignatures d'environ ſoixante-ſept prêtres ſyriens, & celle d'un certain Adam, à qui l'on donne le titre de prêtre, chorévêque & papaſi du Tſineſtan, c'eſt-à-dire du royaume de la Chine, appellé *Tſin* par les Orientaux.

Je ne ſais où Duret a trouvé ce vers latin,

E cœlo ad ſtomachum relegit Chaldæa lituras.

qui prouveroit qu'autrefois les Syriens écrivoient de haut en bas, à la maniere des Chinois & des Tartares Mouantcheoux.

PLANCHES III. & IV.

Arabe.

Les Arabes écrivent de droite à gauche; leur alphabet eſt compoſé de vingt-huit lettres, c'eſt-à-dire qu'ils ont ſix lettres de plus que les Hébreux & les Syriens. Le *lam-alif*, qui forme la vingt-neuvieme lettre de cet alphabet, n'eſt qu'une lettre double, compoſée du *lam* & de l'*alif*. Cet alphabet, tel qu'on le donne ici, a été mis dans cet ordre par les nouveaux grammairiens, qui, en cela, n'ont eu en vue que de réunir des lettres de même figure. En effet, pluſieurs de ces lettres ne ſont reconnoiſſables que par les points diſtinctifs qui s'appoſent deſſus & deſſous. L'ordre naturel de l'alphabet arabe ne doit point différer de celui des Hébreux, & la preuve en eſt claire, en ce que la valeur numérale des lettres arabes correſpond à celle des Hébreux. Les ſix lettres que les Arabes ont ajoutées à cet ancien alphabet, ſont *thſe*, *cha*, *dhzal*, *dad*, *da* & *ghain*. Elles doivent être placées à la fin de cet alphabet dans le même ordre que je viens de les nommer, & elles valent, ſavoir, *thſe*, 500; *cha*, 600; *dhzal*, 700; *dad*, 800; *da*, 900; *ghain*, 1000. Ces ſix lettres ne different que par leurs points, des lettres, *te*, *ha*, *dal*, *ſad*, *ta* & *ain*. Si nous étions aujourd'hui bien au fait de l'ancienne prononciation de l'hébreu, ſans-doute que nous pourrions expliquer la raiſon qui a porté les Arabes à admettre ces ſix lettres d'augmentation; car il y a lieu de préſumer que les Hébreux prononçoient le *tav* tantôt comme un *t*, & tantôt comme *ths*; qu'ils aſpiroient quelquefois la lettre *he*, & la prononçoient dans certains mots comme le *cha* des Arabes, *&c.* par la même raiſon qu'un point mis à droite ou à gauche ſur la lettre ש, en fait un *ſchin* ou un *ſin*. Quoique les Hébreux n'ayent pas mis la même diſtinction ſur les autres lettres que je viens de nommer, cela n'empêche point qu'elle ne pût ſubſiſter dans l'uſage, & conſéquemment que cela ait donné lieu aux Arabes de la faire dans leur alphabet. On peut croire encore que l'étendue des pays où on parle arabe, & les différens dialectes de cette langue, ont donné lieu à ces lettres d'augmentation. Quant à la prononciation, on obſervera que les lettres *ain* & *gain* ſe tirent du fond du goſier; il eſt rare de ne point reconnoître un arabe à la prononciation de cette lettre.

Les notes ortographiques qui ſont *hamza*, *wesla* ou *ouasla*, *madda*, *giezma*, & *taſchdid*, ſervent, ſavoir, le *hamza* à marquer le mouvement de l'*alif*, lorſqu'il eſt appoſé deſſous ou deſſus cette lettre, ou à en tenir lieu lorſqu'il eſt écrit ou ſeul, ou ſur les lettres *vav* & *ye*; ſon uſage eſt encore de doubler ces voyelles. Le *ouasla* ſe met ſur l'*alif* initial, & déſigne qu'il doit perdre ſa prononciation pour prendre le ſon de la derniere voyelle du mot précédent. Le *madda* ſe met également ſur l'*alif*, & le rend long; il ſert auſſi d'abbréviation aux mots. Le *giezma* marque que la conſonne ſur laquelle on le met, eſt quieſcente, ou deſtituée de toute voyelle. Enfin le *taſchdid* double la lettre ſur laquelle on le met.

Les *tanouin* ou *nunnations*, *oun*, *an*, *in*, ſervent à déſigner; ſavoir, *oun*, le nominatif; *an*, l'accuſatif; & *in*, le génitif, le datif & l'ablatif.

Les plus anciens caracteres arabes ſont ceux qu'on appelle *couſites*, ainſi nommés de la ville de Coufah, bâtie ſur l'Euphrate. Les caracteres modernes ſont de l'invention du viſir Moclah, qui fleuriſſoit l'an 933 de l'ere chrétienne, ſous les regnes des califes Moctader, Caher-Billah & Badhi-Billah. Les intrigues de ce viſir lui couterent à trois repriſes différentes, la main droite, la main gauche, & enfin la langue, ce qui le conduiſit à traîner une vie miſérable & languiſſante, qu'il finit l'an 949. On rapporte que lorſqu'il fut condamné à perdre la main droite, il ſe plaignit de ce qu'on le traitoit en voleur, & de ce qu'on lui faiſoit perdre une main qui avoit copié trois fois l'alcoran, dont les exemplaires devoient être pour la poſtérité, le modele de l'écriture la plus parfaite. En effet, ces trois exemplaires n'ont jamais ceſſé d'être admirés pour l'élégance de leurs caracteres, nonobſtant qu'Ebn-Bauvab les ait encore ſurpaſſés, au jugement des Arabes. D'autres attribuent l'invention de ces beaux caracteres à Abdallah-al-Haſſan, frere d'Ebn Moclah. Il ſubſiſte encore des monumens coufites, qui ſont de toute beauté, mais aſſez difficiles à lire à cauſe des ornemens étrangers dont ils ſont ſurchargés.

Turc.

Les Turcs ont cinq lettres de plus que les Arabes, qu'ils ont empruntées des Perſans. La prononciation turque tient un milieu entre la prononciation perſane & la prononciation arabe; elle n'eſt pas ſi rude que celle-ci, mais plus mâle que l'autre, excepté cependant à Conſtantinople, où on prononce aujourd'hui le turc auſſi doucement que le perſan.

Les Turcs ont ſept ſortes d'écritures; ſavoir, le *neſqhi*, dont ils ſe ſervent pour écrire l'alcoran, & la plûpart des livres d'hiſtoire. Le *diwani*, dont ils ſe ſervent pour les affaires & dans le barreau; les lignes de cette écriture montent de la droite à la gauche, mais plus ſenſiblement vers la fin. Le *taalik*, qui differe peu du neſqhi, & dont les juges & les poëtes ſe ſervent; on s'en ſert même en Arabie pour écrire l'arabe. Le *kirma*, qui reſſemble auſſi au taalik, & dont on ſe ſert pour tenir les regiſtres. Le *ſulus* ou *ſchulſi*, qui ſert dans les titres des livres & des patentes impériales. Enfin le *iakouti* & le *rejhani*, qui ſont ainſi appellés du nom de leurs auteurs, mais dont on ſe ſert rarement. Ils ont encore pluſieurs autres ſortes d'écritures, qu'il eſt aſſez inutile de détailler ici, dès que l'on n'en préſente point de modeles ſous les yeux. Il y a environ trente ans qu'Ibrahim Effendi a fait élever la premiere imprimerie turque à Conſtantinople, qui nous a enrichi d'une bonne hiſtoire Ottomane en turc, d'une grammaire turque expliquée en françois, & de pluſieurs autres ouvrages utiles & curieux. Je dis imprimerie turque, car nous avons pluſieurs livres hébreux que les Juifs ont fait imprimer dans cette ville, antérieurement à cette époque.

Perſan.

Les Perſans ont emprunté leur alphabet des Arabes; ils y ont ajouté cinq lettres, dont on peut voir la figure & la valeur dans la *Pl. IV.* Les anciens Perſans avoient pluſieurs langues & dialectes différentes; ſavoir, le *parſi*, le *deri*, le *pahlevi*, le *ſogdi*, le *zabuli*, l'*heravi*, le *khouzi*, le *tartare*, le *ſouriani*, & le *carchouni*. Le *parſi* ou *farſi* étoit ainſi appellé de la province de Perſe, où on le parloit. Elle était la langue des ſavans & des maubed, ou prêtres. Le *deri* étoit la langue de la cour, qui étoit en uſage à Madaïn, & dans les provinces de Khoraſſan & de Balk. Le *pahlevi* étoit ainſi appellé de Pehla, terme qui déſignoit les cinq villes capitales, Iſpahan, Rei, Hamadan, Nehavend & Aderbigiane, où on le parloit. Le *ſogdi* étoit ainſi appellé de la province de Sogdiane, au milieu de laquelle eſt ſituée Samarcande. Le *zabuli* étoit ainſi appellé du Zableſtan, province limitrophe de l'Indoſtan, & où ſont ſituées les villes de Gaznah, Bamian, Meïmend, Firouzcoueh, Caboul, *&c.* L'*heravi* ſe parloit à Herah, dans le Khoraſſan. Le *khouzi*, ainſi nommé de la province de Khouziſtan, ſituée entre la province de Fars & Baſſora, étoit parlé par les rois & les grands, & il leur étoit particulier. Enfin le *tartare* & le *ſouriani*, ou *ſyrien*, étoient auſſi en uſage en Perſe, ainſi que le *carchouni*, qui étoit un langage compoſé de ſyriaque & de perſan, & que l'on employoit dans les lettres miſſives.

PLANCHE V.

Egyptien, Phénicien.

Nous devons à la ſagacité & aux recherches de M. l'abbé Barthelemi, la découverte de l'alphabet égyptien, ainſi que des alphabets phénicien & palmyrénien. L'attention qu'il a eue de ſe procurer des copies exactes, & même des empreintes des monumens, lui ont applani les difficultés ſans nombre que divers ſavans ont éprouvées à la lecture des premieres copies défectueuſes que l'on avoit fait graver. Les peines que M. l'abbé Barthelemi s'eſt données, ont été couronnées par la réuſſite, & ont enrichi le public. Il y a lieu d'eſpérer que d'autres inſcriptions qui pourront ſe trouver par la ſuite, donneront à ſon travail toute la perfection que l'on peut deſirer.

Sous le N°. 1. eſt l'alphabet égyptien d'après l'inſcription de Carpentras; on le nomme *égyptien*, parce que l'inſcription d'après laquelle il eſt tiré, ſe trouve au-deſſous d'un monument qui eſt très-certainement égyptien. Cependant comme la religion égyptienne étoit reçue dans la Phénicie, il ſe peut que ce monument ſoit des Phéniciens, & il y a même beaucoup d'apparence, puiſque les caracteres alphabétiques des Egyptiens, qu'on trouve ſur divers monumens, & qu'on n'a pû déchiffrer encore, ne reſſemblent à aucun des caracteres que nous connoiſſons.

N°. 2. Alphabet phénicien d'après des inscriptions conservées à Malte depuis long-tems, & d'après des médailles de Syrie.

N°. 3. Autre alphabet phénicien d'après des médailles de Sicile.

N°. 4. Troisiéme alphabet phénicien d'après les inscriptions conservées en Chypre, & rapportées par Pococke.

N°. 5. Quatrieme alphabet phénicien d'après une inscription découverte tout récemment à Malte.

Palmyrénien.

N°. 6. Palmyre ainsi nommée à cause de la quantité de palmiers qui étoient dans ses environs, est la même ville que l'Ecriture sainte nomme *Tadmor*, & dont elle attribue la fondation à Salomon. Cette ville étoit située à l'entrée du desert, sur les confins de la Syrie. Elle devint célebre sous les regnes d'Odenat & de Zénobie, qui étendit ses conquêtes depuis les bords du Tigre jusqu'à l'Hellespont, & prit le nom de reine d'Orient, lorsqu'elle se fut assujetti l'Egypte, par Zalba, l'un de ses généraux. Cette reine fut depuis vaincue par Aurélien, chargée de chaînes d'or & conduite à Rome, où elle mena une vie privée près de Tibur, & dans une maison dont on voit encore les ruines. La ville de Palmyre, capitale des états de cette reine, étoit dans le voisinage de l'Euphrate, & limitrophe de l'empire des Perses à l'orient, & de celui des Romains à l'occident. Cette situation étoit extrèmement avantageuse pour le commerce; en effet, Palmyre devint très-opulente en distribuant dans ces deux grands empires les marchandises qu'elle tiroit de la Perse & des Indes, par le moyen des caravannes. Elle fut aussi célebre par son négoce, que Batne, ville de l'Anthémisie, située près de l'Euphrate, au nord de la Mésopotamie; que Dioscuriade ou Prezonde, port de la Colchide, dans lequel, au rapport de Pline & de Strabon, on voyoit aborder des négocians de 300 langues différentes; enfin que Tyr & Alexandrie. Les ruines de Palmyre, dessinées par quelques voyageurs anglois, prouvent son ancienne splendeur: elles offrent de superbes colonnades, d'une magnificence & d'une richesse qui passe tout ce qu'on peut voir en ce genre. Les inscriptions palmyréniennes ont resté long-tems sans pouvoir être déchiffrées; aussi les premieres copies étoient-elles fort défectueuses; ensorte que plusieurs savans anglois, tels qu'Edouard Bernard, Smith, Robert Huntington, Hallifax, ont tenté vainement d'en donner des explications. Rhenferd crut être plus heureux que les Anglois, & il hasarda un alphabet; mais la gloire de cette découverte étoit réservée à M. l'Abbé Barthelemi; il trouva le moyen de lire & d'interpréter les inscriptions palmyréniennes, copiées fidelement par MM. d'Awkins & Robert Wood, & il fixa l'alphabet de cette langue; c'est le même que nous donnons dans cette Planche. Les élémens de cet alphabet, qui tiennent de l'hébreu, s'écrivent de même de droite à gauche.

Syro-Galiléen.

N°. 7. Ce que nous appellons *syro-galiléen*, est à proprement parler, l'ancien chaldéen, familier aux prétendus Chrétiens orientaux, qui prennent le titre de *Mendai Iahia*, ou *disciples de saint Jean-Baptiste;* ils étoient plus connus anciennement sous les noms de *Charaniens* & de *Sabis*. Ils habitent en grand nombre dans la ville de Bassora & dans les environs. Ces chrétiens prétendent avoir conservé parmi eux les livres qu'ils attribuent faussement à Adam, & qui sont écrits dans les caracteres que l'on voit sous ce N°. La bibliotheque royale possede plusieurs manuscrits sabiens, qui contiennent des especes de sermons & des litanies que feu M. l'Abbé Fourmont, de l'académie des Belles-Lettres, & professeur de syriaque au college royal, a traduits en partie. Le sabien est à proprement parler, du syriaque, mais mélangé de mots empruntés du persan & de l'ancienne langue chaldaïque. La religion de ces peuples me semble encore plus mélangée que leur langue, elle tient de l'idolatrie indienne, du Judaïsme & du Mahométisme; car ils n'ont de chrétien que le nom, & un certain baptème qu'on leur confere lorsqu'ils naissent, baptème qu'on renouvelle ensuite tous les ans à trois grandes fètes différentes, & même lorsqu'ils se marient. Ils observent outre cela une sorte d'ablution soir & matin, à la façon des Mahométans. Ils font un sacrifice avec de la fleur de farine, du vin de passe & de l'huile, dont le schek ou sacrificateur fait un gâteau, qu'il distribue aux assistans après en avoir mangé un peu. Leur second sacrifice est celui de la poule, que l'on lave dans de l'eau claire, & à laquelle le schek coupe le col, étant tourné du côté de l'orient, en prononçant ces paroles: *Au nom de Dieu, cette chair soit pure à tous ceux qui la mangeront.* Leur troisieme sacrifice est celui du mouton, qui se fait avec les mêmes cérémonies.

Ces Sabis ont essuyé plusieurs persécutions; ils comptent Mahomet, Omar & Tamerlan au nombre de leurs persécuteurs; ils les accusent d'avoir brûlé leurs livres & abattu leurs temples. Ils furent encore persécutés par le calife Almamon, qui surpris de l'habillement étroit & de la longue chevelure de plusieurs d'entr'eux, qui l'étoient venu saluer, leur demanda s'ils étoient alliés ou tributaires; ils répondirent, nous sommes Harraniens. Etes-vous chrétiens, juifs, ou mages, leur demanda encore le calife? ce qu'ils nierent. Avez-vous des écritures & un prophète, répliqua le calife? ils tergiverserent dans ce qu'ils avoient à répondre à cette demande, & ne surent que dire. Vous ètes donc, reprit le calife, des sadducéens, des adorateurs d'idoles, & des compagnons du puits qui fut comblé de pierres sous le regne d'Alarschid. Si cela est ainsi, ajouta le calife, nonobstant que vous promettiez de payer le tribut, il faut que vous choisissiez de deux choses l'une, ou de suivre le Musulmanisme, ou l'une des religions dont il est parlé dans l'alcoran; sans cela, je vous exterminerai tous. Le calife voulut bien différer sa décision, jusqu'à ce qu'il fût revenu du pays de Roum, pour lequel il partoit alors. Pendant cet intervalle, nombre de ces Harraniens couperent leurs longs cheveux, prirent d'autres habits, & se firent ou chrétiens ou musulmans. Ceux qui resterent attachés à la religion de leurs peres, résolurent de se dire de la religion des Sabiens, dont il est parlé dans l'alcoran. Le calife mourut dans cette expédition, & cela n'a point empèché que depuis ce temslà, ils n'aient été connus sous le nom de Sabiens. Ben Schohnah les appelle Chaldéens ou Syriens. Pour moi, je suis porté à croire que leur religion est celle des anciens Egyptiens, des Phéniciens & des Chaldéens, à laquelle ils auront ajouté quelques cérémonies extérieures pour en imposer aux Chrétiens & aux Mahométans, avec lesquels ils sont obligés de vivre.

Ils essuyerent encore une violente persécution de la part des Portugais, qui maîtres d'Ormous, & amis du pacha de Bassora, obtinrent de ce gouverneur qu'on forceroit les Sabis d'aller à l'église portugaise, bâtie à Bassora, sous peine d'amende pécuniaire & de punition corporelle; persécution qui ne finit que lorsque les Portugais perdirent Ormous.

PLANCHE

PLANCHE VI.

Alphabet Ethiopien & Abyssin.

La langue éthiopienne a eu le même sort que la langue latine, c'est-à-dire, qu'elle est devenue une langue morte qui ne s'acquiert plus que par l'étude, & qui est consacrée pour les livres de religion; aussi ces Peuples l'appellent-ils *Lesan ghaaz*, langue d'étude; *Lesan matzhaph*, langue des livres. La langue amharique ou abyssine a pris sa place; elle est ainsi nommée de la province d'Amhar la principale du royaume d'Abyssinie; c'est pourquoi on l'a appellée *Lesan neghus*, la langue royale: ce n'est pas qu'il n'y ait plusieurs autres langues différentes & quantité de dialectes qui se parlent dans les différens pays soumis à l'Ethiopie; mais la langue amharique seule est entendue par-tout, parce qu'elle est la langue de la Cour. Elle ne l'est devenue que depuis l'extinction des rois d'Ethiopie de la famille des Zagée qui tenoient leur siege à Axuma; car, comme la nouvelle famille qui les remplaça sur le trône parloit la langue amharique, tout le monde se fit un devoir de parler cette langue.

Au jugement de Ludolf, cette langue abyssine est très-difficile: & il conseille à ceux qui voudront l'apprendre, de commencer par s'adonner à l'étude de la langue éthiopienne, qui est à l'égard de la langue abyssine, comme le latin à l'égard du françois & de l'espagnol.

Quant à la langue éthiopienne, elle dérive manifestement de la langue arabe dont elle ne semble être qu'une dialecte, non-seulement par rapport à l'identité d'un très grand nombre de radicales, mais encore par rapport à la grammaire qui est presque la même. Cette langue éthiopienne n'admet que vingt-six lettres, les Abyssins en ont ajouté sept que nous avons distinguées dans la planche.

On remarquera que les chiffres éthiopiens qu'on a eu l'attention de marquer dans cette planche, sont à proprement parler les caracteres grecs que les Ethiopiens auront probablement empruntés des Cophtes leurs voisins.

Les sept lettres que les Abyssins ont ajoutées à l'alphabet éthiopien prouvent encore l'étroite analogie de la langue abyssine avec celle des Arabes qui, comme on l'a remarqué ci-dessus, ont ajouté également un pareil nombre de lettres à leur ancien alphabet.

Les Ethiopiens sont connus dans l'Ecriture-sainte sous le nom de Chusites, parce qu'ils tiroient leur origine de Chus frere de Mesraïm & fils de Cham. Ces peuples avoient dès les premiers tems de leur monarchie, des lettres sacrées ou hiéroglyphes, dont les prêtres seuls possedoient la lecture, & des lettres vulgaires communes à tous les Ethiopiens. Diodore de Sicile même prétend dans un endroit de son histoire, que les Egyptiens avoient reçu des Ethiopiens ces lettres sacrées, prétention que feu M. l'abbé Fourmont a voulu appuyer par une Dissertation imprimée dans le cinquieme volume des mémoires de l'académie des Belles-Lettres; mais je ne vois pas qu'il y détruise les témoignages de Sanchoniathon, de Ciceron, d'Anticlides cité dans Pline, de Platon, d'Eusebe de Cesarée, de Lucain, enfin de Diodore même, qui font honneur de cette invention au fondateur de la monarchie égyptienne, qu'ils nomment Menès, Mercure, Thot, Osiris, &c.

PLANCHE VII.

Alphabet Cophte, ou Egyptien & Grec.

On a joint dans une même planche les alphabets cophte & grec à cause de l'étroite liaison qui subsiste entre l'un & l'autre. En effet, à l'exception de sept lettres que les Cophtes ont ajoutées de plus à leur alphabet, il est visible que toutes les autres lettres cophtes ne sont point différentes des majuscules greques; même figure, même dénomination, même valeur: ces lettres grecques furent introduites en Egypte, sous le regne des successeurs d'Alexandre dans ce royaume. La langue cophte qui ne subsiste plus que dans les livres des chrétiens d'Egypte, est un mélange de grec, & de l'ancienne langue égyptienne; peut-être aussi s'y trouve-t-il beaucoup de termes empruntés des anciennes langues persanes & éthiopiennes, car on sait que l'Egypte fut soumise tour à tour aux Persans & aux Ethiopiens: mais ce qui rend la langue cophte d'aujourd'hui particuliere & originale, c'est que sa grammaire est différente de la greque & des langues orientales: nonobstant cela je suis fort éloigné d'en conclure, comme l'a fait M. l'abbé Renaudot (*sur l'origine des lettres greques. Mémoires de l'acad. des Belles-Lettres, tom. II. pag.* 274.) que l'ancienne langue égyptienne n'avoit aucun rapport avec l'hébreu & le phénicien; & je suis tres-persuadé qu'on ne doit pas en juger par la langue cophte d'aujourd'hui, qui est bien différente de cette ancienne langue égyptienne. Sans alleguer d'autres preuves à cet égard, je ferai seulement observer que Mesraïm & Canaan étoient freres, qu'ils parloient la même langue, & que leurs partages se touchoient. Or, comment penser après cela que le phénicien & l'égyptien différoient essentiellement l'un de l'autre? La proposition ne paroît pas recevable.

Cadmus, prince phénicien qui conduisit une colonie dans la Gréce, communiqua aux Grecs l'alphabet phénicien; mais les Phéniciens eux-mêmes tenoient cet alphabet des Egyptiens; & par une suite des révolutions qui changerent la face de l'Egypte, les Ptolemées montant sur le trône d'Egypte, introduisirent l'usage des lettres greques qui firent insensiblement oublier l'ancien alphabet égyptien.

C'est à l'idolâtrie des Egyptiens que l'écriture doit son origine. Sanchoniathon, ancien auteur phénicien, dont Eusebe nous a conservé un fragment, dit que le dieu Thoor (c'est Osiris ou Mercure Anubis que l'on a appellé Thot par corruption) inventa l'écriture des premiers caracteres, qu'il tira les portraits des dieux pour en faire les caracteres sacrés des Egyptiens. En effet, ces portraits des dieux étoient chargés d'emblêmes significatifs, & formoient déja une sorte d'écriture figurée qui peignoit aux yeux la vertu & les différentes qualités & actions des grands hommes que l'on représentoit. Cette invention, grossiere d'abord, reçut bientôt quelque perfection: le pinceau & la plume succéderent au ciseau. On simplifia ces portraits & ces figures allégoriques, on les réduisit, pour plus de facilité, à un très-petit nombre de traits. Telle fut l'origine de l'écriture sacrée des Egyptiens: elle fut imaginée d'après ce que l'on appelloit les *hieroglyphes*, c'est-à-dire, les sculptures sacrées, & les *grammata*, c'est-à-dire, les *lettres* ou *portraits des dieux*.

Il paroît constant par Socrates cité dans le Phédre de Platon, par Diodore de Sicile, Ciceron, Pline & par plusieurs autres anciens écrivains, que l'écriture alphabétique est de l'invention du même prince nommé par les uns Menès ou Mercure, par les autres, Hermès, Thot, Osiris, &c. Suivant le témoignage de plusieurs de ces écrivains, le monarque égyptien avoit le premier distingué les voyelles des consonnes, les muettes des liquides; & il étoit parvenu à assujettir le langage alors barbare à des regles fixes, & à régler jusqu'à l'harmonie des mots & des phrases. Ce qu'il y a de certain, c'est que ce prince, relativement à cette utile invention, fut regardé comme le dieu de l'éloquence & du ſavoir, & qu'en conſéquence les ſavans de l'Egypte lui dédioient leurs ouvrages : *Ægyptii ſcriptores*, dit Jamblique (dans ſon Traité des Myſteres de l'Egypte,) *putantes omnia inventa eſſe à Mercurio, libros ſuos Mercurio inſcribebant ; Mercurius præeſt ſapientiæ & eloquio.* J'ajouterai ſeulement ici que le prince dont il s'agit, n'eſt point différent de Meſraïm que l'Ecriture-ſainte nous donne pour le fondateur de la monarchie égyptienne. Les différens ſurnoms que les Egyptiens & les Grecs lui ont donnés, n'empêchent pas de le reconnoître. On verra peut-être ici avec quelque plaiſir l'origine de quelques-uns de ces ſurnoms. Je m'y arrête d'autant plus volontiers, qu'elle contribuera à confirmer ce que l'on vient de dire de l'inventeur de l'écriture. Pluſieurs de ces ſurnoms y ont un rapport direct.

Le nom d'Anubis qu'on lui donnoit, vient de la racine orientale *noub*, qui ſignifie parler avec éloquence, d'où s'eſt formé le mot *anoubi*, un *homme éloquent*, un *orateur*, un *hérault*, un *prophête ;* ce qui me décide dans le choix de cette étymologie, c'eſt que les noms d'Hermès & d'Hermeneus, que lui donnerent les Grecs, me paroiſſent être la traduction du mot *anoubis ;* ils ſignifient de même un interprète, un orateur. Souvent les Grecs joignoient enſemble le terme original avec ſa traduction, & diſoient *Hermanoubis.* On remarquera que les prophètes étoient chez les Egyptiens, à la tête de leur hiérarchie : leur emploi étoit d'étudier les dix livres ſacrés concernant les loix, les dieux, la diſcipline ſacrée, ils étoient auſſi prépoſés à la diſtribution des impôts. On voit par-là qu'il ne faut pas prendre le nom de prophete dans le ſens que nous lui donnons excluſivement : il ſignifioit encore, & chez les Hébreux même, un hérault, un homme chargé de porter la parole : c'eſt dans cette derniere acception qu'on doit l'entendre, lorſque Dieu dit à Moïſe : *Aaron, votre frere ſera votre prophete ;* cela veut dire ſimplement qu'Aaron parleroit au peuple au nom de Moïſe.

Je finirai ces remarques par l'interprétation des noms de Thoor, Thot, Oſiris, Grammateus, &c. donnés à Mercure ou Meſraïm ; ces trois premiers ſurnoms ne ſont point différens, & le quatriéme qui eſt grec, n'en eſt que la traduction. Cette propoſition paroît un peu paradoxe, il s'agit de la prouver.

1° Le nom de Thot, Taaut, &c. eſt un mot corrompu & une mauvaiſe prononciation des habitans d'Alexandrie. Philon de Biblos, dans le fragment de Sanchoniathon, nous apprend que les Egyptiens prononçoient Thoor ; ainſi ne penſons qu'à ce dernier terme.

2°. Si l'on fait réflexion que les lettres *ſchin*, *tzade*, & *tav* dans les langues orientales, ſont aſſez ſouvent employées l'une pour l'autre ; que les Hébreux écrivoient *ſchor* pour dire un bœuf, tandis que les Chaldéens prononçoient *tor*, que le nom de *Tyr* vient de *Tſor*, &c. je m'imagine qu'on n'aura aucune répugnance à dériver le nom de *thoor* du mot *tſoura*, uſité dans l'hébreu & le chaldéen, pour exprimer une image, une figure, d'autant plus que les Arabes écrivent & prononcent ce même mot *ſoura.*

La racine de ce mot oriental ſignifie faire une figure, la peindre ou la ſculpter ; ajoutez à *Thoor* ou *Thſoor* l'article, vous aurez *othſoor*, ou *athſoor*, un ſculpteur, un peintre.

3°. Les réflexions que l'on vient de faire ſur les changemens mutuels des trois lettres nommées ci-deſſus, prouvent que les noms d'Oſiris, Seiris, habillés à la greque, ne ſont point différens d'Othſoor. On ſait par Plutarque, que l'épouſe d'Oſiris étoit auſſi ſurnommée *Athyri*, Ἀθυρὶ, ou ſelon l'auteur du grand Etymologicon, Ἀθώρ *Athor.* Plutarque, dans un autre paſſage, dit qu'Iſis portoit encore le nom de Μεθυερ ; & il eſt viſible que ce nouveau nom ne differe des précédens que par le *mem* qui eſt la marque du participe.

4°. Les Egyptiens ont voulu, par ces ſurnoms d'*Othſoor* ou *Oſiris*, apprendre à la poſtérité que le fondateur de leur monarchie avoit le premier fait les ſtatues des dieux, & qu'il méritoit par excellence, l'épithéte de ſtatuaire ou ſculpteur. La Grece n'en avoit point perdu le ſouvenir, puiſqu'elle appelloit un ſtatuaire *hermoglypheus*, & la ſtatuaire *Hermoglyphicè technè*, l'art de Mercure.

5°. Selon Sanchoniathon, Diodore de Sicile, &c. Mercure étoit le *Grammateus* de Chronos. On a rendu ce terme de *Grammateus* par *ſecrétaire ;* mais c'eſt une erreur, puiſque ce terme peut auſſi bien ſignifier l'*inventeur des lettres* que *ſecrétaire.* D'ailleurs, on ſait que les ſculptures ſacrées ou les portraits des dieux, étoient appellés *grammata.* Dans ce ſens, il ſeroit vrai que Mercure eût été le Grammateus de Chronos ou Hammon, puiſqu'il l'avoit ſculpté ainſi que les autres dieux, comme on l'a dit ci-deſſus. J'enviſage donc encore cette épithéte de *Grammateus* donnée à Mercure par les Grecs, comme la ſimple traduction du mot égyptien *Athſori*, *Oſiri*, le ſtatuaire, celui qui faiſoit les grammata ou les portraits des dieux.

PLANCHE VIII.

Alphabets Arcadien, Pélaſge, Etruſque.

Cette Planche contient ſix alphabets, l'hébreu, le ſamaritain, le grec, l'arcadien, le pélaſge & l'étruſque. On a joint les deux premiers de ces alphabets, afin qu'on vît au premier coup d'œil qu'ils étoient originairement le même, & auſſi afin de montrer que les quatre autres qui ſuivent, en dérivent évidemment.

L'alphabet grec eſt pris de l'inſcription de Sigée, publiée l'an 1727 par le ſavant M. Chishull. On a eu ſoin d'y marquer les caracteres des deux manieres dont ils ſont écrits, c'eſt-à-dire, les uns tournés de la gauche à la droite, & les autres de la droite à la gauche. C'eſt ainſi que ſont diſpoſées les inſcriptions en Bouſtrophédon que M. l'abbé Fourmont a rapportées de ſon voyage de Gréce. On les nomme *Bouſtrophédon*, parce que les Grecs qui inſcrivoient ces marbres, indécis apparemment s'ils devoient adopter l'uſage d'écrire de la gauche à la droite, ou conſerver celui dans lequel ils étoient d'écrire de la droite à la gauche qu'ils avoient emprunté des Phéniciens, s'aviſerent d'écrire en même tems de l'une & de l'autre maniere ; en ſorte qu'après avoir écrit une premiere ligne de la droite à la gauche, ils formoient la ſeconde ligne de la gauche à la droite, & continuoient ainſi alternativement de ligne en ligne, imitant par-là les ſillons d'un champ labouré par des bœufs, & c'eſt ce qu'exprime le terme de *Bouſtrophédon.*

L'alphabet arcadien eſt l'alphabet latin, pris des anciens monumens d'Eugubio, gravés à ce que l'on prétend, antérieurement à la ruine de Troie. On l'appelle *arcadien* pour s'accommoder à l'opinion générale qui veut qu'Evandre ait apporté cet alphabet d'Arcadie dans le pays des Latins. Au reſte, les Arcadiens étoient une peuplade des Pelaſges.

Le pélaſge, pris auſſi des tables eugubines, étoit l'alphabet des peuples qui habitoient il y a plus de trois mille ans, l'Umbrie.

Enfin, l'alphabet étruſque eſt copié d'après les monumens reconnus indubitablement pour étruſques. Ces deux derniers alphabets, le pélaſge & l'étruſque, ont un rapport ſi particulier avec l'alphabet grec de l'inſcription de Sigée & d'autres monumens anciens, qu'il eſt aiſé de voir qu'ils n'en faiſoient qu'un même dans le commencement, & qu'ils tiroient également leur origine des lettres phéniciennes.

PLANCHE IX.

Gothique.

Ulphilas, goth de nation, ſucceſſeur de Théophile à l'évèché de Gothie, du tems de l'empereur Valens, fut le premier qui donna les lettres à ſa nation. Jean le grand & d'autres prétendent cependant que Ulphilas ne fut point l'auteur de ces lettres, & ils ajoutent que, s'en étant ſervi pour ſa verſion de l'Ecriture-ſainte faite ſur le texte grec, il fut regardé comme l'auteur de ces caracteres. Mais il y a lieu de penſer que la prétention de ces écrivains n'eſt fondée que ſur une antiquité imaginaire qu'ils veulent donner aux lettres gothiques. A les en croire, les Goths avoient des lettres antérieurement au tems que Carmenta fut avec Evandre, de Grece en Italie. Ils pouſſent même cette antiquité par-delà le déluge & juſqu'au tems des géants, auxquels ils attribuent l'érection de ces maſſes énormes de pierres que l'on remarque dans le Nord.

Ces auteurs, pour prouver ce qu'ils avancent ſi légèrement, devroient avant tout, accorder la même antiquité aux lettres greques, puiſqu'il eſt certain que les lettres des Goths en dérivent, de même que les lettres cophthes, ſerviennes & moſcovites. Philoſtorge qui étoit contemporain d'Ulphilas qu'il appelle Ο᾽υρφίλας, dit que ſes parens maternels étoient de Cappadoce.

Alphabet Gothique, carré.

Le gothique carré qui tient beaucoup du caractere allemand, a été en uſage fort long-tems, & même en France.

Islandois.

L'Iſlande eſt une grande iſle qui a environ deux cent lieues de long, ſur cent de largeur; elle eſt ſituée au nord de l'Ecoſſe, entre la Norvege, dont elle dépend, & le Groenland. L'alphabet iſlandois n'eſt point différent de l'alphabet runique. Cet alphabet, tel qu'on le donne ici, eſt rangé ſuivant l'ordre de notre alphabet; l'ancien alphabet iſlandois ne contenoit que ſeize lettres que l'on rangeoit dans l'ordre ſuivant, qui eſt l'ordre naturel, par rapport à la valeur numérique.

Nom.	Valeur	numérique.	Nom.	Valeur	numérique.
Fie,	I.	*att.*	Jis,	IX.	*niu.*
Ur,	II.	*tu.*	Aar,	X.	*ti* ou *tiu.*
Duſs,	III.	*thry.*	Sol,	XI.	*allivu.*
Oys,	IV.	*fiuhur.*	Tyr,	XII.	*tolf.*
Ridhr,	V.	*fem.*	Biarkan,	XIII.	*threttan.*
Kaun,	VI.	*ſiax.*	Lagur,	XIV.	*fiurtan.*
Hagl,	VII.	*ſiau.*	Madur,	XV.	*femtan.*
Naud,	VIII.	*atta.*	Yr,	XVI.	*ſiaxtan.*

Nous avons fait entendre que les dénominations des lettres hébraïques avoient leurs ſignifications; les lettres iſlandoiſes ou runiques ſont dans le même cas, & voici celles qu'on y attache.

Fie ſignifie troupeau, & métaphoriquement richeſſes. Cette lettre repréſente, dit-on, un animal qui badine avec ſes cornes.

Ur, un torrent, étincelles qui ſortent du fer rouge que l'on bat. La lettre repréſente le torrent.

Duſſ, exprime les ſpectres qui habitent les montagnes & les lieux écartés, & qui ſe montroient autrefois aux femmes & aux petits enfans ſous la forme de nains & de géants. La ligne droite de la lettre repréſente le ſpectre; la ligne courbe, la montagne ou colline.

Oys, port, golfe.

Ridhr, cavalcade; ce caractere paroit repréſenter un cavalier qui monte à cheval.

Kaun, ulcere, démangeaiſon.

Hagl, grèle.

Naud, néceſſité.

Jis, goutte d'eau qui ſe glace en tombant.

Aar, fertilité des campagnes. La lettre repréſente un ſoc de charrue.

Sol, la lumiere du ſoleil. On a voulu repréſenter les rayons de cet aſtre.

Tyr, taureau. La lettre repréſente un taureau qui fouille la terre avec ſes cornes.

Biarkan, bouleau.

Lagur, liqueur, eau.

Madur, l'homme. La lettre repréſente un homme qui contemple le cours des aſtres, & leve les mains d'admiration.

Yr, arc tendu avec ſa fleche. La lettre le repréſente aſſez bien.

Ce que nous venons de rapporter touchant l'alphabet runique ou iſlandois prouveroit qu'autrefois ces peuples avoient l'uſage des lettres repréſentatives ou monogrammes, avant que de connoître les lettres alphabétiques.

Moeſogothique.

On appelle *Moeſo-gothie*, le royaume de Moeſie, ou Myſie, ſitué entre le Danube, la Macédoine & l'Hiſtrie, dans lequel les Viſigoths ou Veſtrogoths, c'eſt-à-dire, les Goths occidentaux qui étoient au-delà du Danube, vinrent s'établir avec la permiſſion de l'empereur Valens, auquel ils promirent de l'aider contre les Huns, & même de ſe faire chrétiens, lorſqu'il leur auroit envoyé des docteurs qui les puſſent inſtruire. Effectivement cet empereur leur envoya Ulphilas qui leur donna l'alphabet grec, & traduiſit en langue gothique l'Ecriture-ſainte.

Anglo-Saxon.

On appelle *Anglo-ſaxons*, les peuples anglois qui habitoient la Saxe & qui paſſerent, l'an 449 de J. Chr. dans la grande-Bretagne, à laquelle ils donnerent le nom d'*Angleterre*, car auparavant elle s'appelloit *Albion* & *Bretagne*, ou *Britannia*. Ces anglois y porterent avec eux la langue allemande, & l'ancienne langue bretonne fut confinée dans le pays de Galles, où ſe retirerent les naturels du pays: cette ancienne langue bretonne reſſemble au bas breton qui ſe parle dans la baſſe Bretagne, province de France. L'alphabet anglo-ſaxon n'eſt point différent de l'alphabet latin.

Illyrien ou Eſclavon.

La langue illyrienne ou eſclavonne ſe parle dans plus de ſoixante provinces différentes ſituées tant en Europe qu'en Aſie, mais particulierement en Moſcovie, Sclavonie, Dalmatie, Boheme, Pologne, Lithuanie, &c. Hongrie, Croatie, Carniole, Bulgarie, Pruſſe, Boſnie, Moldavie, Moravie, Siléſie, &c.

PLANCHE X.

Runique.

L'alphabet runique eſt abſolument le même que l'alphabet iſlandois gravé dans la Planche IX. Il étoit conſéquemment aſſez inutile de le répéter dans cette Planche X. Je ne puis là-deſſus que revenir ſur ce que j'ai déjà ci-devant dit ; ſçavoir, que cette irrégularité n'auroit point eu lieu, s'il n'y eût eu déjà pluſieurs Planches gravées, lorſque j'en ai pris la direction. *Voyez* ci-deſſus au titre, *Alphabet islandois.*

On entend par runes, les caracteres des anciennes lettres ſeptentrionales. On diſpute ſur l'origine de ce nom. Wormius le fait venir de *ren*, canal, ou de *ryn*, un ſillon. Spelman ſoutient qu'il faut chercher dans *ryne* ſon étymologie. *Ryne*, ou *geryne*, en anglois, peut ſe rendre par *myſtere*, ou *choſe cachée.* On ſait que les peuples du Nord faiſoient grand uſage des runes pour leurs opérations magiques.

„ On rapporte qu'aucun des anciens Thraces n'é-
„ toit inſtruit des lettres ; l'uſage même en eſt re-
„ gardé comme une choſe très-honteuſe par tous les
„ barbares qui habitent l'Europe, mais on dit que
„ ceux d'Aſie ne font nulle difficulté de s'en ſervir.

C'eſt ce que dit Ælian. *var. hiſt. lib. VIII. cap. 6.* qui floriſſoit au deuxieme ſiecle.

Ruſſe.

Les hiſtoriens du bas empire, prétendent que les Ruſſes ou Moſcovites n'avoient aucuns caracteres d'écriture avant Michel Paphlagonien, empereur grec, ſous le regne duquel ils prirent la langue & les caracteres des eſclavons ; les caracteres ſont grecs, & les mêmes que les caracteres gravés dans la XI. Planche. Les Ruſſes prétendent tirer leur origine des Eſclavons, quoique leurs czars ſe croient deſcendre des Romains, c'eſt-à-dire, des empereurs de Conſtantinople qui ſe diſoient Romains. M. l'Abbé Girard de l'Académie françoiſe, ſi bien connu par ſon excellent ouvrage *des Synonymes*, & par ſa Grammaire françoiſe, avoit auſſi compoſé une Grammaire & un Dictionnaire latins, françois & ruſſes. M. le Breton, imprimeur ordinaire du roi, ſon ami & ſon légataire, quant à ſes manuſcrits, en fit préſent à la Ruſſie il y a quelques années, avec la ſeule condition qu'on rendroit à M. l'abbé Girard l'honneur qu'on devoit à ſa mémoire & à ſon travail.

Allemand.

Les Allemands ont formé leur alphabet ſur celui des Latins, mais je ne puis aſſurer en quel tems. Leur langue eſt une des plus anciennes & des plus abondantes des langues de l'Europe. On accuſe la langue allemande d'avoir une prononciation fort rude, & il n'eſt pas rare d'entendre dire parmi nous qu'elle eſt plus propre à parler aux chevaux qu'aux hommes ; mais c'eſt une erreur de ceux qui n'en connoiſſent ni le prix, ni la beauté, & qui n'ont jamais entendu parler que les Allemands les plus voiſins de la France & de l'Italie, dont la prononciation eſt fort gutturale ; car dans la Haute Saxe & dans les autres bonnes provinces d'Allemagne, on ne remarque rien de ſemblable. L'allemand y a acquis ce degré de perfection où la langue françoiſe eſt montée ſous le regne de Louis le Grand.

L'anglois, le hollandois, le danois & le ſuédois fourniſſent ſouvent des lumieres pour l'intelligence de la langue allemande. Les Hollandois & les Anglois ſe ſervoient d'abord des lettres allemandes, mais ſur la fin du XVII. ſiecle, ils ceſſerent d'en faire uſage & adopterent les caracteres latins ; pour les Suédois & les Danois ils conſervent encore aujourd'hui les caracteres allemands ; la prononciation des lettres allemandes eſt telle : *a*, *bé*, *dé*, *é*, *ef*, *ye*, *ha*, *i*, *yod*, *ca*, *el*, *em*, *en*, *o*, *pé*, *coû*, *err*, *eſſ*, *té*, *ou*, *fau*, *vé*, *ics*, *ipſilon*, *tſed.*

PLANCHE XI.

Illyrien ou Eſclavon & Servien.

Une grande quantité de nations, tant en Europe qu'en Aſie, parlent la langue eſclavone ; ſçavoir, les Sclaves eux-mêmes qui habitent la Dalmatie & la Liburnie, les Macédoniens occidentaux, Epirotes, Boſniens, Serviens, Raſciens, Bulgares, Moldaviens, Podoliens, Ruſſes, Moſcovites, Bohémiens, Polonois, Siléſiens ; & en Aſie, les Circaſſiens, les Mingreliens, les Gazariens, &c. Geſner compte juſqu'à ſoixante nations dont l'eſclavon eſt la langue vulgaire. On peut dire en général qu'elle ſe parle dans toute la partie orientale de l'Europe juſqu'au Don ou Tanaïs, excepté la Grece, la Hongrie & la Valachie ; mais quoique toutes ces nations parlent le même langage, elles ne ſe ſervent pas toutes du même alphabet. Les unes ſe ſervent des caracteres illyriques ou dalmates, inventés par ſaint Jerôme ; les autres, des caracteres ſerviens, inventés par ſaint Cyrille. Les caracteres illyriens ſont ſinguliers & on y remarque très-peu de rapport avec les alphabets que nous connoiſſons ; pour les caracteres ſerviens ils ſont grecs, à l'exception de quelques-uns d'augmentation que ſaint Cyrille a imaginés pour exprimer les différens ſons du ſervien. Quant aux dénominations des élemens de ces deux alphabets, elles different peu ; on prétend qu'elles ſont ſignificatives.

L'alphabet de ſaint Cyrille porte le nom de *Chiurilizza*, celui de ſaint Jerôme s'appelle *Buchuiza.* Les provinces ſituées le plus à l'orient ſe ſervent des caracteres ſerviens ; les autres provinces ſituées vers l'occident ont les caracteres illyriens.

Moyſes Hebræas primus exaravit litteras ;
Mente Phœnices ſagaci condiderunt Atticas ;
Quas latini ſcriptitamus edidit Nicoſtrata.
Abraham Syras, & idem reperit Chaldaïcas.
Iſis arte non minore protulit Ægyptias.
Gulſilas promſit Getarum quas videmus ultimas.

PLANCHE XII & XIII.

Arméniens.

Les Arméniens écrivent comme nous de gauche à droite, ils ont 38 lettres. On préſente ici quatre ſortes d'écritures en uſage parmi eux. La premiere appellée *zakghachir* ou *fleurie*, ſert pour les titres des livres & le commencement des chapitres ; ces lettres repréſentent des fleurs & des figures d'hommes & d'animaux, c'eſt pour cela qu'on les nomme encore *chelhhachir*, lettres capitales, & *chaſſanachir*, lettres d'animaux.

La ſeconde eſt appellée *erghathachir*, écriture de fer ; Rivola prétend qu'ils l'ont appellée ainſi, parce que cette écriture étant formée avec des traits plus mâles eſt moins ſujette à l'injure des tems ; mais Schroder dit avec plus de vraiſemblance qu'elle n'a été appellée de ce nom que parce que les Arméniens ſe ſervoient anciennement d'un ſtylet de fer pour tracer cette écriture. Autrefois on écrivoit des volumes entiers dans ce caractere ; aujourd'hui on ne l'employe plus, comme l'écriture fleurie, que dans les titres des livres & des chapitres.

La troiſiéme eſt appellée *poloverchir* ou *ronde*, que l'on employe dans les plus beaux manuſcrits & dans l'impreſſion.

Enfin la quatrieme ſorte d'écriture appellée *notrchir* ou *curſive*, ſert dans le commerce ordinaire

naire de la vie, dans les lettres, &c. Cette derniere écriture a aussi ses majuscules qu'on a eu l'attention de mettre dans les planches.

Les Arméniens reconnoissent Haik, qui vivoit, dit-on, avant la destruction de Babel, pour le fondateur du royaume d'Arménie, & le premier qui ait parlé la langue haikaniene. Cet Haik eut un fils nommé *Armenak*. Wahé étoit le cinquante-troisieme & le dernier successeur d'Haik, il fut défait par Alexandre le grand, & ce royaume resta sous la domination des Macédoniens, jusqu'à ce qu'un certain arménien nommé *Arschak*, se revolta contre les Grecs du tems de Ptolémée Philadelphes, & fonda l'empire des Arsacides qui finit en la personne d'Artaschir, le 28e successeur d'Arschak. La langue haikaniene qui s'étoit conservée jusques-là dans son ancienne pureté, fut altérée par le mélange des Genthuniens, peuples du Canaan, des Bagratides & des Amatuniens, familles juives, des Medes, des Arsacides mêmes, qui étoient Parthes, des Arravielans, Alains de nation, des Chinois, *&c.* Jusqu'au 3e siécle les Arméniens n'eurent point de caracteres qui leur fussent propres, ils se servoient indifféremment de ceux des Grecs, des Perses & des Arabes; un certain Miesrob, ministre & secrétaire de Warazdate & d'Arsace IV. du nom, entreprit de leur donner un alphabet, à quoi il réussit. On fit une version de la bible & on traduisit divers livres, soit philosophiques, soit historiques des Grecs & des Syriens, ce qui fixa l'ancienne langue haikaniene qui cessa d'être vulgaire quelque tems après, & qu'on distingua de la vulgaire, en l'appellant langue littérale; car depuis ce tems-là le royaume d'Arménie fut en proie aux Hagaréniens, aux Sarasins, aux Chorasmiens & aux Kalifes d'Egypte, enfin aux Tartares qui, sous la conduite de Tamerlan, sembloient devoir tout détruire; ensorte que la langue en usage aujourd'hui dans l'Arménie est tellement éloignée de l'ancienne langue haikaniene qu'ils n'entendent plus cette derniere qu'à force d'étude, la vulgaire est pleine de mots arabes, turcs & persans, *&c.*

Malgré ce que nous venons de dire sur Miesrob, j'ajouterai ici qu'Angelus Roccha dans son discours sur la bibliotheque du vatican; George, patriarche d'Alexandrie; Sixtus Senensis, &c. reconnoissent saint Chrysostome pour l'auteur des écritures en langue arménienne, & pour l'inventeur des caracteres arméniens. Il est certain que saint Chrysostome fut banni de Constantinople par un édit de l'empereur, & qu'il alla finir ses jours dans l'Arménie; il a pu donner aux Arméniens l'usage des lettres grecques, que ces peuples n'auront quitté que pour prendre des lettres qui leur fussent propres.

PLANCHE XIV.

Géorgiens.

Les Géorgiens écrivent comme les Arméniens & comme nous de gauche à droite. Ils ont trois alphabets dont les caracteres se ressemblent peu. Le premier est des lettres sacrées majuscules; le second est des lettres sacrées minuscules, lesquelles anciennement étoient admises pour majuscules dans l'écriture vulgaire, mais dont on ne se sert plus aujourd'hui. Enfin le troisieme alphabet est des lettres vulgaires, aujourd'hui en usage parmi les Géorgiens, dont les majuscules sont les lettres majuscules sacrées du premier alphabet.

PLANCHES XV & XVI.

Ancien Persan.

Selon quelques écrivains, Dhohak, ancien roi de Perse, inventa les anciennes lettres persannes que nous présentons ici dans les Planches XV & XVI. d'autres en font honneur à Feridoun son successeur; mais toutes ces traditions paroissent fort incertaines. Au reste je ne pense point que ces caracteres soient les premiers qui ayent été en usage parmi les Persans, parce qu'ils n'ont aucune affinité avec les caracteres syriens & phéniciens, &c. ce qui devroit être, selon moi, pour constater leur ancienneté. Je dis plus, je crois que dans l'origine les peuples qui habitoient cette vaste contrée n'eurent point d'autres caracteres que ceux des Syriens ou Assyriens, puisque dans les tems les plus reculés on appelloit du nom de Syrie, non seulement le royaume qui porte encore aujourd'hui ce nom, mais aussi l'Arménie, la Perse & la plûpart des autres pays asiatiques que Sem avoit eus en partage.

La Planche XV. présente l'alphabet des Gaures ou adorateurs du feu; cet alphabet est composé de trente-neuf lettres, je le donne tel que le hasard me l'a offert dans les papiers de feu M. Pétis de la Croix mon prédécesseur; j'y ai reconnu la main de l'illustre Pétis de la Croix, son pere, qui avoit séjourné l'espace de dix ans à Alep, à Ispahan & à Constantinople, & qui mourut à Paris en 1695.

La Planche XVI contient aussi l'alphabet de l'ancien persan, mais tel que les Anglois viennent de le publier dans la nouvelle édition du livre de *Religione veterum persarum*, du docteur Hyde; ce dernier alphabet ne contient que 29 élémens. Je laisse au lecteur le soin de comparer ce dernier alphabet avec le premier, il y verra plusieurs différences considérables, par rapport à l'ordre, aux dénominations, &c. il ne m'appartient point de decider auquel de l'un ou de l'autre on doit donner la préférence; j'en laisse le soin à un jeune voyageur françois arrivé depuis peu des Indes & de Bassora, où il a résidé quelques années, & où il s'est appliqué particulierement à l'étude de l'ancien persan; j'apprends qu'il n'est pas toujours de l'avis du docteur Hyde; peut être donnera-t il la préférence au nôtre. J'ai ajouté au bas de cette XVI Planche le commencement du prétendu livre de Zoroastre, que le chevalier d'Ashvood a fait calquer fidelement sur l'original qui se trouve dans la bibliotheque bodlienne, & qu'il envoya à Messieurs Fourmont.

Grandan.

Outre les voyelles initiales, tous les alphabets indiens ont des voyelles plus abrégées qu'ils joignent avec les consonnes. L'alphabet grandan que nous présentons ici en manque, parce que l'on a négligé à Pondicheri de les marquer : cependant nous n'avons pas cru devoir omettre cet alphabet tel qu'il est, pour completter le plus qu'il nous a été possible le nombre des alphabets indiens, & dans l'espérance que par la suite quelqu'un se trouvera à portée de lui donner la perfection qu'il n'a pas.

PLANCHE XVII.

Nagrou ou Hanscret.

Les caracteres nagrous appellés encore *hanscrets*, *marates*, *guzurates* & *samscretans*, sont les caracteres de la langue savante des brahmes, que ces religieux se font un scrupule de n'enseigner qu'à ceux qui se destinent à embrasser leur état. Ils s'écrivent de gauche à droite; j'ai tracé cet alphabet en partie d'après celui du P. Henri Roth, gravé dans la Chine illustrée de Kircher, & en partie d'un manuscrit envoyé de Pondicheri, contenant quelques alphabets indiens, dont on avoit dessein de graver les poinçons à Paris, pour établir des imprimeries aux Indes, à l'exemple des Danois. C'eſt en langue ſamſcretane qu'eſt écrit le vedam, qui eſt le livre de leur loi, dans lequel il eſt marqué tout ce qu'ils doivent croire & pratiquer. Un des privileges des brahmes eſt de pouvoir enſeigner le vedam à ceux de leur famille, & non à d'autres familles ou tribus, excepté à celle des *ſettreas*, la premiere en dignité après celle des brahmes, & qui eſt compoſée de la nobleſſe du pays, dont le roi eſt le chef; mais les ſettreas ne peuvent communiquer à perſonne la doctrine du vedam, ni enſeigner à le lire.

PLANCHE XVIII.

Bengale.

Les brahmes du royaume de Bengale employent les caracteres que l'on préſente ici, lorſqu'ils écrivent en langue ſamskretane. Ces caracteres bengales s'écrivent comme les nôtres de gauche à droite; pour faciliter leur lecture, on a joint au bas de la planche les liaiſons les plus difficiles, qu'on ne devineroit point ſans ce ſecours : les autres ſont plus aiſées & on a cru, pour cette raiſon, ne pas devoir en ſurcharger la planche. On ſçait que le royaume de Bengale, autrement appellé *Oulessier* & *Jaganat*, eſt ſitué vers l'embouchure du Gange, au fond du golfe dit *de Bengale*; ſa ville capitale eſt Daca; il eſt dans la dépendance des états du Grand Mogol.

L'alphabet bengale que nous donnons ici eſt tiré d'un manuſcrit de la bibliotheque du Roi, N° 283. des livres indiens. C'eſt une eſpece de nomenclator aſſez étendu, à la tète duquel ſe trouve une grammaire expliquée en latin.

PLANCHE XIX.

Telongou ou *Talenga.*

Cette langue eſt ainſi appellée de la province de Talenga, autrefois la principale du puiſſant royaume de Décan; cette province s'étendoit juſqu'à Goa qui appartient aux Portugais, & Vizapour étoit ſa capitale : le Grand Mogol ayant étendu ſes conquetes du côté du Nord, cette province a été partagée entre lui & le roi de Décan, mais le roi de Décan eſt appellé ſeulement le roi de Vizapour, & la province de Talenga eſt miſe au nombre des provinces de l'Indoſtan qui obéiſſent au Grand Mogol. Aujourd'hui la ville capitale de cette province ſe nomme *Beder*. Cette province de Talenga vaut plus de dix millions de revenu au Grand Mogol. La langue talenga ſe nomme encore vulgairement *le badega*. Nous avons à la bibliotheque du roi une grammaire & d'autres ouvrages en cette langue.

PLANCHE XX.

Tamoul ou *Malabar.*

Les Malabars écrivent comme nous de gauche à droite ſur des feuilles de palmeras bravas, ou palmier, & c'eſt une ſorte de gravure, puiſqu'ils ſe ſervent pour écrire ſur ces feuilles d'un ſtilet long au moins d'un pié : cette langue eſt appellée *tamoule*, parce que les peuples des Indes orientales qui la parlent s'appellent *Tamouler* ou *Damuler*; on la nomme encore *ſentamil*, *codundamil*, & plus vulgairement *malabare*, parce que les Européens confondent ſous ce dernier nom tous ceux qui habitent la côte de Coromandel & de Malabar. Cette langue a cela de commun avec l'anglois, que ſes adjectifs ſont indéclinables, le ſubſtantif qui ſe met toujours après l'adjectif, déterminant ſeul ſes genre, nombre & cas; elle a auſſi des pronoms honorifiques. Cette langue paroît belle & facile; elle eſt enrichie de beaucoup d'ouvrages fort eſtimés, dont on poſſede un aſſez bon nombre à la bibliotheque du roi; les miſſionnaires danois ont fait imprimer une grammaire de cette langue, & pluſieurs autres ouvrages, enſorte qu'on a toute facilité pour l'apprendre.

PLANCHE XXI.

Siamois & Bali.

La langue ſiamoiſe a 37 lettres & la balie 33, non compris les voyelles & les diphthongues qui ſont en grand nombre, & ont leurs caracteres particuliers qui ſe placent les uns devant la conſonne, les autres après, enfin d'autres deſſus ou deſſous, mais qui toutes néanmoins ne ſe doivent prononcer qu'après elle.

La prononciation ſiamoiſe eſt très-difficile, & il eſt impoſſible de la rendre exactement dans nos caracteres; c'eſt une eſpece de chant à la façon des Chinois; car les ſix premiers caracteres de leur alphabet ne valent tous qu'un K plus ou moins fort & diverſement accentué. Les accens aigus ou graves que l'on a eu l'attention de marquer, ſont pour avertir d'élever & de baiſſer la voix. Où ils élevent la voix, c'eſt de plus d'une quarte, & preſque d'une quinte; où ils la baiſſent, ce n'eſt guere que d'un demi ton. On a marqué également les lettres aſpirées.

Quant à l'alphabet bali, les lettres ſur leſquelles on a marqué un accent aigu, doivent être prononcées d'environ une tierce majeure plus haut que les autres; les autres lettres ſe prononcent d'une façon monotone.

La langue ſiamoiſe tient beaucoup du chinois, elle paroît de même toute monoſyllabique, & il y a lieu de penſer en effet qu'elle en eſt une dialecte particuliere. Par exemple, dans les noms des mois ſiamois, tels que M. de la Loubere les donne dans ſa relation du royaume de Siam, je retrouve preſque les mêmes noms que les Chinois leur donnent, comme il eſt aiſé de s'en convaincre par la table ſuivante.

Noms ſiamois.		Noms chinois.
Deüan ái,	*mois premier*.	ye.
Deüan tgii,	*mois deuxieme*. . . .	eúlh.
Deüan ſam,	*mois troiſieme*. . . .	ſan.
Deüan ſii,	*mois quatrieme*. . . .	ſſé.
Deüan haa,	*mois cinquieme*. . . .	où.
Deüan houk,	*mois ſixieme*.	lou.
Deüan tſiet,	*mois ſeptieme*.	thſi.
Deüan peet,	*mois huitieme*. . . .	pa.
Deüan cáou,	*mois neuvieme*. . . .	keoù.
Deüan ſib,	*mois dixieme*. . . .	ſchi.
Deüan ſib-et,	*mois onzieme*. . . .	ſchi-ye.
Deüan ſib-ſong,	*mois douzieme*. . . .	ſchi eulh.

La langue ſiamoiſe a encore cela de commun avec la langue chinoiſe & les langues du Tonquin, de la Cochinchine, &c. qu'elle eſt ſans conjugaiſons & déclinaiſons; ſi on ſe rappelle avec cela les traits de la phyſionomie des Siamois qui eſt toute chinoiſe, on ſe perſuadera aiſément que les uns & les autres ont une origine commune, ou du moins que les Siamois ſont une colonie de Chinois.

Quant au bali, c'eſt la langue de la religion & une langue morte qui n'eſt entendue que des ſavans, c'eſt-à-dire, de très-peu de monde; cette langue, bien différente de la langue vulgaire de Siam, eſt enrichie d'inflexions de mots comme nos langues : enfin c'est du bali que les Siamois ont emprunté leurs termes de religion, de justice, les noms de charges & tous les ornemens de leur langue vulgaire. On croit pouvoir assurer que cette langue balie a été portée dans le royaume de Siam par ces pieux solitaires, qui à Siam portent le nom de *talapoins* ; à la Chine & au Japon, celui de *bonzes* ; en Tartarie & aux Indes, ceux de *lamas*, de *chamenes* ou *samanes* ; ils y porterent cette langue environ l'an 544 avant Jesus-Christ, avec le culte du dieu connu dans tous ces pays de la haute Asie sous les noms de *boudha* ou *boutta*, *chaka*, *fo* ou *fochekiameouni*, *sommonacodom*, &c. Avant, ces religieux habitoient l'Inde en deçà du Gange, & même leur dieu Boudha, selon quelques-uns, étoit originaire du Caschemire, dans le voisinage de la Perse, ce qui feroit soupçonner que cette langue balie, dont il est question, pourroit être l'ancien persan appellé *pahalevi* ou *pahali*. Le terme même de *pagode* est tout persan, *pout-gheda*, c'est-à-dire, temple d'idole, & le nom même de samanes peut dériver du persan *saumenischin*, hermites ; de plus amples connoissances sur la langue balie décideront un jour ce point de critique intéressant.

PLANCHE XXII.

Thibetan.

Le rouleau thibetan envoyé en 1722 à feu M. l'abbé Bignon par le czar Pierre le Grand, & dont M. Fourmont l'aîné a fait la traduction, m'a servi de modele pour tracer les élémens de l'alphabet thibetan. Je ne pouvois en choisir de plus beau, il est écrit avec une élégance & une netteté admirables. L'arrangement de cet alphabet, ses dénominations, les nombres cardinaux & le reste des remarques qui occupent le bas de la planche sont tirées d'un manuscrit apporté du Thibet par un missionnaire, contenant une espece de dictionnaire italien thibetan, à la tête duquel se trouve une instruction sur la lecture de cette langue. J'ai encore fait usage d'une feuille volante que j'ai trouvée dans mes papiers, & qui vient à ce que je pense du P. Parrenin, jesuite, missionnaire de la Chine. Les Thibetans écrivent comme nous de gauche à droite.

Le Thibet passe parmi les Tartares pour être le centre & le chef-lieu tant de leur religion que de leurs sciences ; c'est à Lassa, où réside le souverain pontife des lamas, qu'ils vont adorer le dieu suprême dans le temple qui lui est consacré ; c'est auprès de ce chef de leur hierarchie, que les lamas de tous les royaumes voisins, vont s'instruire de leur théologie & recevoir les ordres.

PLANCHE XXIII.

Tartare mantcheou.

Les Tartares Mantcheoux, aujourd'hui maîtres de la Chine, se servent communément de ce caractere qu'ils tiennent des Tartares Mogols, les uns & les autres anciennement n'écrivoient point & l'origine du caractere que l'on présente ici ne remonte pas au-delà du regne de Genghizkan, empereur des Mogols.

La horde dont Genghizkan étoit le chef n'avoit point de caracteres, & ni ce prince, ni ses enfans ne savoient ni lire, ni écrire, avant son avénement à l'empire. Tayang, roi des Naimans, avoit à sa cour un seigneur igour appellé *Tatatongko*, qui gardoit le sceau de ce prince, & passoit pour un habile homme. Après la mort de Tayang, Tatatongko fut pris & mené à Genghizkan, qui apprit de lui l'usage du cachet royal. Tatatongko se rendit encore plus utile aux Mogols, en introduisant chez eux les caracteres igours qui ne furent point changés jusqu'au regne de Coublaikan, qui ordonna, l'an 1266 par un édit public, que l'on fit usage dans tous les tribunaux des caracteres faits par Pasepa, lesquels furent appellés les nouveaux caracteres mogols.

Pasepa étoit un seigneur thibetan, rempli de mérite, & dont les ancêtres, depuis dix siecles, avoient été les principaux ministres des rois de Thibet, & des autres rois des différens pays qui sont entre la Chine & la mer Caspienne. Pasepa se fit lama, & s'acquit une si grande réputation que Coublaikan l'attacha à sa cour l'an 1260, & le déclara chef de tous les lamas. Coublaikan crut que la grandeur & la gloire de sa nation demandoient qu'elle eût des caracteres qui lui fussent propres, & comme Pasepa connoissoit non-seulement les caracteres chinois, mais encore ceux du Thibet appellés caracteres du *tangout*, ceux d'igour, des Indes & de plusieurs autres pays situés à l'occident de la Chine, cet empereur le chargea de cette commission. Effectivement Pasepa examina avec soin l'artifice de tous ces caracteres, ce qu'ils avoient de commode & d'incommode, & en traça mille, & établit des regles pour leur prononciation & la maniere de les former. Coublai le récompensa de son travail par une patente *de regulo*, remplie de louanges. Malgré cela, les Tartares, accoutumés aux caracteres igours, eurent de la peine à apprendre les nouveaux, & l'empereur fut obligé de renouveller ses ordres pour être obéi. Il y a apparence qu'après la mort de Coublai, les Tartares reprirent leurs premiers caracteres comme étant plus faciles : ce qu'il y a de certain c'est que nous ignorons aujourd'hui quel pouvoit être cet alphabet composé de mille élémens. Il y a lieu de présumer que Pasepa avoit, comme dans la plûpart des alphabets indiens, lié les voyelles avec les consonnes, dont la multiplication avoit pû produire ce nombre de mille caracteres ; car enfin il n'est point de peuple dont les organes puissent produire mille sons différens.

Les caracteres mantcheoux sont absolument les mêmes que les caracteres igours, introduits à la cour des Mogols, du tems de Genghizkan ; les Mantcheoux n'y ont ajouté que les traits & les petits cercles qui marquent l'aspiration ; ce qu'il y a de singulier, c'est que ces caracteres igours, mogols, ou mantcheoux, car on peut à présent leur donner ces différens noms, ont le même coup d'œil que les caracteres syriaques, & que la valeur & la configuration de plusieurs de leurs élémens, sont décidément les mêmes ; aussi y a-t-il beaucoup d'apparence que les Igours, horde des Turcs orientaux qui habitoient dans le voisinage de la Chine, où est situé aujourd'hui Turphan, les avoient empruntés des Syriens nestoriens qui s'étoient répandus jusques dans les pays les plus éloignés de la haute Asie ; les Igours devinrent tous chrétiens. Ils avoient du tems de Genghizkan des évêques particuliers, comme il y en avoit à la Chine, ainsi qu'on en a la preuve par le monument de Sighanfou. Les caracteres mantcheoux s'écrivent perpendiculairement en commençant à la droite & finissant à la gauche, comme la plûpart des orientaux : cette façon extraordinaire de tracer leurs mots perpendiculairement, leur est venue probablement encore des Syriens, qui bien qu'ils soient dans l'habitude de lire de droite à gauche, n'ont pas laissé de tracer leurs caracteres perpendiculairement de haut en bas ; ainsi que le dénote ce vers latin :

E cœlo ad stomachum relegit chaldæa lituras.

Les Tartares mantcheoux ont conservé leurs lignes dans le sens qu'ils les traçoient, à cause de l'obligation où ils se sont vus de traduire le chinois interlinéairement, ou d'en mettre la lecture dans leurs caracteres. Au reste ils peuvent également s'écrire & se lire de la droite à la gauche, comme le syriaque. Cet alphabet que les Mantcheoux appellent en leur langue *tchouan-tchoue-outchou*, c'est-à-dire, les douze têtes, est partagé en 12 classes, dont chacune contient 112 lettres; c'est leur syllabaire qu'ils font apprendre aux enfans. Pour éviter la dépense inutile de plusieurs planches de gravures qu'un pareil syllabaire auroit demandé; nous nous sommes contentés de tracer simplement les élémens de cet alphabet, selon les différentes configurations qu'ils prennent, soit au commencement, soit au milieu, soit à la fin des mots, par rapport à leurs liaisons. Quoique les Tartares Mantcheoux ne présentent point leur alphabet, suivant cette méthode, nous osons assurer cependant que c'est la plus simple, la plus facile & la plus courte.

Les points qui sont à côté des mots, de part ou d'autre, s'appellent *thongkhi*, les caracteres grands & petits s'appellent *fouka*, les virgules ou points s'appellent *tsic*; quand il n'y a qu'un tsic, le sens de la phrase n'est pas achevé; quand il y a deux tsic, il est achevé. Les traits s'appellent *tsitchoun.*

PLANCHE XXIV.

Alphabets Japonnois.

Cette planche contient trois alphabets différens de la langue japonnoise. Le premier, appellé *Firocanna*, & le second *catta canna*, sont communs aux Japonnois en général & en usage parmi le peuple. L'alphabet *imatto canna* ou plutôt *jamatto canna*, n'est en usage qu'à la cour du Dairi, ou de l'empereur ecclésiastique héréditaire; il est ainsi appellé de la province de *Jammasiro* où est situé Miaco, résidence de ce prince.

Il n'est pas difficile d'appercevoir que les élémens de ces trois alphabets sont empruntés des caracteres chinois. Ce sont en effet tous caracteres chinois écrits très-librement, mais dont la prononciation est changée. Comme ces caracteres marquent des syllabes entieres, on en sent toute l'imperfection par rapport à nos langues dont les alphabets composés de simples voyelles & consonnes, peuvent exprimer toute sorte de sons. J'ignore si ces alphabets sont antérieurs à l'entrée des Européens au Japon, & si ces peuples les ont inventés d'eux-mêmes. Les savans du Japon lisent les livres chinois comme les Chinois mêmes; mais la maniere dont ils prononcent les mêmes caracteres est fort différente. Les Japonnois composent aussi en chinois; & souvent, pour en faciliter la lecture, ils font graver à côté du chinois & interlinéairement, la prononciation dans leurs caracteres alphabétiques, de même que font les Tartares Mantcheoux. J'oubliois de dire qu'ils écrivent comme les Chinois, perpendiculairement, ou de haut en bas & de la droite à la gauche.

PLANCHE XXV.

Clés Chinoises.

Les Chinois n'ont point d'alphabet: & même leur langue n'en est point susceptible, n'étant composée que d'un nombre de sons très-borné. Il seroit impossible de pouvoir entendre du chinois rendu dans nos caracteres ou dans tel autre qu'on pourroit choisir. Ils n'ont que 328 vocables & tous monosyllabiques, applicables à environ 80000 caracteres dont leur langue est composée, ce qui donne pour chaque monosyllabe, en les supposant partagés également, 243 à 244 caracteres. Or si dans notre langue françoise nous sommes quelquefois arrêtés pour quelques mots *homophones*, dont la quantité au reste est fort bornée, qu'on juge de l'embarras & de la gêne continuelle où doivent être les Chinois de parler une langue dont chaque mot est susceptible d'environ 244 significations différentes. Cette barbarie de langage, car c'en est une, fournit des réflexions sur l'antiquité du chinois; mais je ne m'y arrête point ici, & je me contente de renvoyer à l'Encyclopédie, au mot *Langue*. Cependant, 328 vocables n'étant point suffisans pour exprimer tous les êtres & leurs différentes modifications, les Chinois ont multiplié ces sons par cinq tons différens, que nous marquons par les signes suivans, lorsque nous écrivons du chinois dans nos caracteres: —, ʌ, ˋ, ˊ, *ᴗ*.

Le premier ton, —, appellé *ping ching*, c'est-à-dire, *son égal & plein*, se prononce également sans hausser ni baisser la voix.

Le second ton, ʌ, appellé *tcho ping*, c'est-à-dire, *son trouble & confus*, se prononce en baissant un peu la voix sur la seconde syllabe lorsque le mot est composé de deux syllabes, ou s'il n'en a qu'une, en prolongeant un peu la voix.

Le troisiéme ton, ˋ, appellé *chang ching*, c'est-à-dire, *son élevé*, est très aigu.

Le quatrieme ton, ˊ appellé *kiu ching*, *son qui court*, se prononce d'abord d'un ton aigu & descend tout d'un coup au ton grave.

Le cinquiéme ton, ᴗ, appellé *je ching*, se prononce encore d'une maniere plus grave que le précédent.

Au moyen de ces cinq tons, les 328 vocables se trouvent déja monter à 1620 mots dont la prononciation est variée, il y a encore les aspirations de chacun de ces tons qui se marquent par un petit *c*, & doublent ce nombre de 1640; ensorte qu'au moyen de ces prononciations aspirées, nous trouvons déja 3280 vocables assez bien distingués pour des oreilles chinoises accoutumées à cette délicatesse de prononciation, & l'on conviendra que cette somme de mots est presque suffisante pour fournir à une conversation même assez variée. Mais ce qui leve presque toutes les difficultés qui pourroient résulter de ces homophonies, c'est que les Chinois joignent deux ou trois monosyllabes ensemble pour former des substantifs, des adjectifs & des verbes, comme:

Pan Kieou, *une Tourterelle.*
Chan Ki, *Phaisan*, mot à mot, *Poule de montagne.*
Siao Ki, *Poulet*, mot à mot, *Petite Poule.*
Ky Mou, *Belle-mere*, mot à mot, *succéder mere.*
Ju Mou, *Nourrice*, mot à mot, *Mere de lait.*
Ky Mou, *Poule*, mot à mot, *Poule mere.*
Ting Hiang Houa, *Giroflée*, mot à mot, *Fleur de clou aromatique.*

Nonobstant cela, on doit sentir quelle présence de mémoire & quelle délicatesse d'oreille il faut avoir pour combiner sur le champ ces cinq tons, & les rappeller en parlant couramment, ou les distinguer dans un autre qui parle avec précipitation, & qui marque à peine l'accent & le ton particulier de chaque mot.

Venons maintenant à l'écriture chinoise qui doit faire notre objet principal. Si la langue parlée des Chinois est pauvre, en récompense leur écriture est fort riche & fort abondante. Nous avons dit qu'ils avoient aux environs de 80000 caracteres; car

car le nombre n'en peut être borné ; & il est aisé, & même quelquefois nécessaire d'en composer de nouveaux, lorsque l'occasion l'exige & que l'esprit humain étendant ses bornes, parvient à de nouvelles connoissances.

Je pense que dans les commencemens, le nombre des caracteres chinois n'excédoit pas celui des monosyllabes dont nous avons parlé ci-dessus ; c'est-à dire, qu'il n'alloit qu'à environ 328 ; mais ce que je ne conçois point, c'est que ces caracteres se soient multipliés à l'infini, & qu'on n'ait point imaginé de nouveaux sons pour les faire entendre à l'oreille. Il y a dans cette conduite des Chinois quelque chose d'extraordinaire & de difficile à comprendre, car si la comparaison des caracteres chinois avec nos caracteres numériques est juste, on conviendra qu'il seroit impossible de faire entendre la valeur de ces chiffres, si l'on n'avoit point imaginé autant de mots qui les présentassent à l'oreille, comme l'écriture les distingue aux yeux.

Dans l'origine, les caracteres chinois étoient, comme ceux des Egyptiens, autant d'images qui représentoient les objets mêmes qu'on vouloit exprimer ; & c'est ce qui a porté plusieurs savans hommes à soupçonner que les Chinois tiroient leur origine des Egyptiens, ou que ces derniers venoient des premiers, & que leur écriture ne devoit point être différente. On a prétendu plus encore il y a quelques années, on a voulu insinuer qu'une partie des caracteres chinois étoit formée de l'assemblage de deux ou trois lettres radicales empruntées de l'alphabet des Egyptiens ou de celui des Phéniciens ; & que ces lettres déchiffrées & liées suivant leur valeur, soit égyptienne, soit phénicienne, signifioient précisément ce que ces mêmes caracteres étoient destinés à exprimer chez les Chinois. On voulut appuyer ce système par l'histoire des Egyptiens & des Chinois, & on prétendit prouver que les noms des empereurs chinois des deux premieres dynasties Hià & Chang, écrits en caracteres chinois, mais lus à l'égyptienne ou à la phénicienne, selon le système dont on vient de parler, offroient les noms de Menès, de Thot & des autres rois d'Egypte, suivant le rang qu'ils occupent dans le canon d'Eratosthenes. Ce système sembloit promettre de grands changemens dans l'histoire, & ouvrir une nouvelle carriere aux chronologistes ; mais malheureusement il est demeuré système, & j'ose desespérer que jamais on ne pourra alleguer la moindre autorité qui puisse le rendre plausible. Ce n'est point là non plus l'idée que l'on doit se former des caracteres chinois.

A l'exception d'un certain nombre de ces caracteres qui n'ont qu'un rapport d'institution avec les choses signifiées, tous les autres sont représentatifs des objets mêmes. Les choses incorporelles, telles que les rapports & les actions des êtres, nos idées, nos passions, nos sentimens, sont exprimées dans cette écriture d'une maniere symbolique mais également figurée, à cause des rapports sensibles que l'on remarque entre ces représentations & les qualités, les sentimens & les passions des êtres vivans. Les Chinois, les Egyptiens, les Mexicains & quelques peuples encore ont imaginé ces sortes de caracteres, sans pour cela qu'on puisse soupçonner qu'ils se soient copiés les uns les autres. L'embarras qui résultoit de cette écriture, & la difficulté de tracer avec exactitude des caracteres composés d'un grand nombre de traits irréguliers, engagea avec le tems les Chinois à assujettir tous leurs caracteres à une forme fixe & quarrée. En effet, tous les caracteres chinois sont composés des six traits primordiaux qu'on remarque à la tête des clés chinoises, & qui sont la ligne droite, la ligne perpendiculaire, la houppe ou le point, les deux lignes courbes, & une autre ligne perpendiculaire qui est terminée en bas en forme de crochet. Ces six traits différemment combinés entr'eux & répétés plus ou moins de fois, forment les 214 clés ou caracteres radicaux auxquels se rapportent les 80000 caracteres dont la langue chinoise est composée ; car ces 214 caracteres radicaux sont les véritables élémens de cette écriture, & il résulte de leur combinaison entr'eux, le nombre prodigieux de caracteres dont je viens de parler. On remarquera que ces clés sont rangées selon le nombre de leurs traits. Elles commencent par les caracteres d'un seul trait, & finissent par ceux qui en ont le plus. Les Chinois observent ce même ordre dans leurs dictionnaires par clés. Les caracteres qui appartiennent à chacune de ces lettres radicales, se rangent à leur suite & dans l'ordre que la quantité de leurs traits leur donne.

Mais il est bon d'avertir qu'on ne trouveroit pas aisément le nombre des traits si l'on ne faisoit point attention au coup de pinceau qui les trace ; car, par exemple, tous les quarrés, comme le 30, 31 & 44 que l'on voit dans la planche, ne sont composés que de trois traits, quoiqu'ils semblent en avoir quatre, parce que la ligne supérieure & celle qui lui est attachée & descend sur la droite, se fait d'un seul coup de pinceau. Au reste, comme nous avons observé de marquer le nombre des traits, il sera plus aisé de chercher le nombre donné, & on s'accoutumera ainsi en peu d'heures à les compter à la maniere des Chinois.

Voici maintenant l'explication des 214 clés chinoises.

1. Ye, ou Y, *unité, perfection, droiture.*
2. * Kuen, *germe qui pousse.*
3. Tien tchu, *point, rondeur, houppe.*
4. Pie, *courbure en-dedans ou à droite.*
5. Ye, *courbure en-dehors ou à gauche, trouble.*
6. Kiue, *croc, arrêt.*
7. Eul, *deux, les choses doublées, la répétition.*
8. Theou, *tête élevée, opposition.*
9. Gin, *l'homme, & tout ce qui en dépend.*
10. Gin, *le soutien, l'élévation en l'air.*
11. Ge, *l'entrée, l'intérieur, l'union avec.*
12. Pa, *huit, l'égalité, la simultanéité.*
13. * Kiong, *la couverture entiere, comme d'un voile, d'un casque, d'un bonnet.*
14. ** Mie, *la couverture partiale, le sommet, le comble.*
15. ** Ping, *l'eau qui gele, la glace, l'hyver.*
16. Ky, *table, banc, appui, fermeté, totalité.*
17. Khan & Kien, *enfoncement, abyme, chûte, branches élevées.*
18. Tao, *couteau, couper, fendre.*
19. Lie, *force, la jonction de deux choses.*
20. Pao, *l'action d'embrasser, d'envelopper ; de-là, canon.*
21. Pi, *cuillier, spatule, fonte d'eau, de métal.*
22. Fang, *tout quarré qui renferme, coffre, armoire.*
23. Hi, *toute boîte dont le couvercle se leve, appentis, aqueduc, petit coffre à charniere.*
24. Che, *dix, la perfection, l'extrémité.*
25. Pou, *jetter les sorts, percer un rocher, une mine.*
26. Tçie, *l'action de tailler, graver, sceller.*
27. Han, *les lieux escarpés, les rochers, les antres.*
28. Tçu, *les choses angulaires, traversées à 3, &c.*
29. * Yeou, *l'action d'avoir, recevoir, de joindre & croiser l'un sur l'autre.*
30. Kheoù, *la bouche & tout ce qui en dépend, comme parler, mordre, avaler, &c.*
31. Yu, *les enclos, jardin, royaume, entourer,*

32. Thoù, *la terre & ses qualités, ce que l'on en fait, poterie, &c.*
33. Sſé, *la maitriſe d'un art, les reſpects dûs aux maîtres, &c. ſes qualités, docteur, gouverneur, mandarin.*
34. Tchi, *marche lente, l'action de ſuivre.*
35. Soui, *la ſucceſſion, venir après.*
36. Sie, *le ſoir, la nuit, l'obſcurité, ſonge, inconnu, étranger.*
37. Ta, *grand, grandeur, hauteur.*
38. Niù, *femme, femelle, beauté, laideur, baiſer, aimer.*
39. Tçè, *fils, filiation, piété envers les parens*, &c.
40. ** Mien, *comble, toît, couverture de maiſon.*
41. Tçun, *la dixieme partie de la coudée ou du pié chinois.*
42. Siào, *petit.*
43. Vang, *ce qui eſt tortu, boſſu, défectueux.*
44. Chi, *celui qui tenoit la place de l'eſprit, lorſqu'on lui ſacrifioit*, & de-là, *cadavre, indolent.*
45. Tçào, *les herbages.*
46. Chan, *montagnes, collines.*
47. Tchouen, *fleuves, ruiſſeaux, courans.*
48. Kong, *artiſan, métiers, ouvrages.*
49. Ki, *ſoi-même, autrefois, paſſé, &c.*
50. Kin, *bonnets, mouchoirs, étendards*, & de-là, *empereur, général d'armée*, &c.
51. Kan, *bouclier, les rivages*, & de-là, *année, déterminer tout*, &c.
52. Yao, *mince, délié, fin, ſubtiliſer, tromper, vain, caché.*
53. Yen, *boutiques, magaſins, greniers, ſalles*, &c.
54. In, *aller de long & de large, conduire une affaire avec prudence.*
55. Kong, *joindre les mains, jeu d'échecs, retrécir par-enhaut, vaincre.*
56. Ye, *tendre un arc, lancer une fleche, prendre, recevoir.*
57. Kong, *arc.*
58. Ki, *porcs, ſangliers.*
59. Chan, *plumes.*
60. Tchi, *aller de compagnie.*
61. Sin, *cœur.* Les caracteres rangés ſous cette clé ſont en grand nombre, ils expriment les différentes affections du cœur.
62. Co, *lance.*
63. Hou, *porte à deux battans.*
64. Cheou, *la main.* Les caracteres qui portent cette clé ſont en très grand nombre.
65. Tchi, *branche, rameau.*
66. Pou, *affaires, gouvernement.*
67. Ven, *compoſition, éloquence.*
68. Teou, *boiſſeau.*
69. Kin, *livre, poids de* 16 *onces.*
70. Fang, *quarré, les parties d'un tout.*
71. Voû, *ce qui ne ſe voit ni ne s'entend, néant, non.*
72. Ge, *ſoleil.*
73. Yue, *dire, parler.*
74. Yue, *lune, mois.*
75. Mo, *bois, arbres.*
76. Kien, *manquer, devoir, débiteur.*
77. Tchi, *s'arrêter.*
78. Ya, *le mal*, de-là les dérivés, *mourir, enſevelir*, &c.
79. Tchû, *bâton.*
80. Moù, *mere, la femelle parmi les animaux.* Lorſqu'on le prononce *Voû*, il ſignifie, *non, ſans.*
81. Pi, *enſemble, joindre, comparé, regle, meſure, parvenir, obéir.*
82. Maoû, *poil, laine, plumes, vieux.*
83. Chi, *ſurnom que prend celui qui illuſtre ſa famille.*
84. Khi, *l'air, le principe matériel de toutes choſes dans la religion des Jû ou Lettrés.* Il s'unit avec le *Ly* qui eſt leur *principe immatériel.*
85. Choui, *l'eau.*
86. Hò, *le feu.*
87. Tchaò, *les ongles des animaux & des volatiles.* Il ſe prend quelquefois auſſi pour les *ongles de la main.*
88. Fou, *pere, vieillard.*
89. Yaô & Hiaô, *imiter.*
90. Pan, *ſoûtien, appui au dehors.*
91. Pien, *ſoûtien, appui au dedans, diviſer.* C'eſt auſſi le caractere numéral des pages d'un livre, des morceaux de bois, des feuilles & des fleurs.
92. Yà-nhyâ, *les dents.*
93. Nieou, *bœuf.*
94. Khivèn, *chien.*
95. You, *pierres précieuſes, précieux.*
96. Yùen, *noir, profond.*
97. Koua, *citrouille, melon, concombre*, &c.
98. Và, *tuiles, vaſes de terre cuite.*
99. Can, *ſaveur, goût, doux, agréable.*
100. Seng, *naître, vivre, produire, engendrer, croître.*
101. Yong, *ſe ſervir, uſage, dépenſes.*
102. Thièn, *les champs, terre labourée, labourer.*
103. Pie, *caractere numéral des toiles, étoffes.*
104. Tçie, *maladies.*
105. Po, *monter.*
106. Pe, *blanc.*
107. Pi, *peau, cuir.*
108. Ming, *vaſes, uſtenſiles pour le boire & le manger.*
109. Mo, *les yeux.*
110. Mèou, *lance.*
111. Chi, *fleche, droit, vrai, manifeſter.*
112. Che, *pierres.*
113. Chi, *les génies, les eſprits, avertir, ſignifier, ordonner.*
114. Geòu, *légéreté, diligence.*
115. Hô, *légumes, grains* (& métaph.) *la vie.*
116. Hive, *antre, grotte, trous des fourmis & des ſouris.*
117. Lie, *ériger, élever, inſtituer, perfectionner, établir.*
118. Tcho, *les roſeaux.*
119. Mi, *riz vanné.*
120. * Hi, *lier, ſuccéder, continuer, poſtérité*, de-là, *ſoie*, &c.
121. Feù, *vaſes de terre propres à mettre du vin ou de l'eau.*
122. Vang, *frein, filets.*
123. Yang, *brebis.*
124. Yu, *plumes, aîles des oiſeaux.*
125. Laò, *vieillard, titre d'honneur.* Laò yê, *Monſieur.*
126. Eùlh, (particule conjonctive) *&.*
127. Loùi, *bêche, hoyau, manche de charrue.*
128. Eùlh, *les oreilles, entendre, anſes des vaſes.*
129. Yu, caractere auxiliaire. Ses dérivés ſignifient *tracer des lignes, peindre*, &c.
130. Jo, *chair, les animaux tués ou morts.*
131. Tchin, *miniſtre, courtiſan, ſerviteur.*
132. Tçe, *ſoi, ſoi même*, &c.
133. Tchi, *parvenir, atteindre à.*
134. Kiéou, *mortier pour piler.*
135. Che, *la langue.*
136. Tchouèn, *errer, contredire, troubler.*
137. Tcheou, *vaiſſeau.*
138. Ken, *terme, s'arrêter.*
139. Se, *couleur, l'amour, venereæ voluptates, figure, mode.*
140. Tçaò, *les herbages.*
141. Hoù, *tigre.*

142. Tchong & hoèi, *insectes*, *poissons*, *huitres*.
143. Hive, *le sang*.
144. Hing, *aller*, *faire*, *operer*, *les élémens*, *les actions des hommes*. Il se prononce aussi Hang, & signifie *chemin*, *ligne*, *hospice des marchands*.
145. Y, *habit*, *surtout*, *s'habiller*.
146. Si, *Occident*.
147. Kién, *voir*, *percevoir*.
148. Kio, *corne*.
149. Yen, *parole*, *discours*.
150. Kou, *vallée*, *ruisseau entre deux montagnes*.
151. Téou, *legumes*, *pois*.
152. Chi, *porcs*.
153. Tchi, *les animaux velus*, *&* *les reptiles*.
154. Poéi, *précieux*, *coquillages de mer*.
155. Tche, *couleur de chair*.
156. Tçeòu, *aller*.
157. Tço, *les piés*, *riche*, *suffire*. Prononcé *Tçui*, il signifie *penser à ce qui manque*, *y suppléer*.
158. Chin, *moi*, *moi-même*, *le corps*, *la personne*.
159. Tche & Kiu, *char*, *charriot*.
160. Sin, *goût fort* *&* *mordant*.
161. Chin, *les étoiles les plus voisines du pôle arctique*, *qui paroissent immobiles à cause qu'elles parcourent un fort petit cercle*. C'est aussi une lettre horaire. C'est *depuis 7 h. jusqu'à 9 h. du matin*.
162. Tcho, cette clé qui n'est en usage que dans ses dérivés, exprime *la marche* *&* *tout ce qui en dépend*.
163. Ye, *lieu entouré de murailles*, *ville*, *camp*.
164. Yeòu, lettre horaire. C'est *depuis 5 h. jusqu'à 7 h. de nuit*. Ses dérivés expriment *les liqueurs*, *le vin*, &c.
165. Pien & Tçài, *cueillir*, *affaire*, *couleurs*.
166. Li, *village*, *bourgade*, *stade chinois de 360 pas*. Anciennement six piés faisoient un pas, & 300 pas un *li*.
167. Kin, *metal*, & de-là, *or*, *argent*, *cuivre*, &c.
168. Tchang, *grand*, *long*, *éloigné*, *toujours*, *âgé*.
169. Moûen, *portes*, *portique*, *académie*.
170. Feoù, *montagne de terre*, *fosses*.
171. Tai, *parvenir*, *ce qui reste*.
172. Tchoui, *ailes*.
173. Yù, *pluie*, *pleuvoir*.
174. Tçing, *couleur bleue*, *naître*.
175. Fi, *negation*, *non*, *pas*, *accuser de faux*.
176. Mién, *visage*, *face*, *superficie*, *rebeller*.
177. Ke, *peaux*, *cuir qui n'est point corroyé*, *armes défensives*, *casque*, *cuirasse*, *changer*.
178. Gôei, *peaux*, *cuirs apprêtés* *&* *corroyés*, *assiéger*.
179. Kieòu, *oignon*, *ail*, *raves*.
180. In, *son*, *voix*, *accent*, *ton*, *sons d'instrumens*.
181. * Ye, *la tête*. Ce caractere n'est usité que dans ses composés.
182. Fong, *les vents*, *mœurs*, *royaume*, *doctrine*.
183. Fi, *voler*, (se dit des oiseaux.)
184. Che, *boire*, *manger*, prononcé Sù, il signifie *nourrir*, *fournir des alimens*.
185. Cheòu, *la tête*, *l'origine*, *principe*, *accuser ses fautes*.
186. Hiang, *odeurs*, *odoriferant*, *réputation*, *odeur de vertu*.
187. Mà, *cheval*.
188. Ko, *les os*, *les ossemens*, *toute chose dure enfermée dans une chose molle*, *l'attache entre les freres*.
189. Kao, *haut*, *éminent*, *sublime*, *hauteur*.
190. Pieou, *les cheveux*.
191. Teou, *bruit de guerre*, *combat*.
192. Tchang, *étui dans lequel on renferme l'arc*, *sorte de vin en usage dans les sacrifices*, *herbes odoriferantes*.
193. Lie, *espece de trépié*, *vase pour les senteurs*. Prononcé Ke, il signifie *boucher*, *interrompre*.
194. Koùei, *les ames des défunts*, *cadavre*.
195. Yû, *les poissons*, *pêcher*.
196. Niaò, *les oiseaux*.
197. Lou, *terre sterile* *&* *qui ne produit rien*.
198. Lou, *cerf*.
199. Me, *froment*, *orge*, &c.
200. Mâ, *chanvre*, *sesame*.
201. Hoâng, *jaune*, *roux*.
202. Chou, *sorte de millet*.
203. He, *noir*.
204. Tchi, *broder à l'aiguille*.
205. Min, *petites grenouilles noires*.
206. Ting, *marmitte*, *renouveller*.
207. Coù, *tambour*, *en battre*, *jouer des instrumens*.
208. Choù, *souris*.
209. Pi, *le nez*, *les narines*, *un chef de famille*.
210. Thsi, *orner*, *disposer*, *regler*, *gouverner*, &c.
211. Tchi, *les dents*.
212. Long, *dragons*, *serpens*.
213. Kuei, *tortues*.
214. Yo, *instrumens de musique à vent*.

Telles sont les 214 clés chinoises, sous lesquelles on range toutes les autres lettres ou caracteres, & tel est exactement l'ordre observé dans les dictionnaires chinois rangés par clés. Les Chinois divisent ces lettres en lettres simples, qu'ils appellent *vén*, traits; *mou*, meres; *tou-ti*, lettres d'un seul corps; & en lettres composées qu'ils appellent *tçé*, fils; *to-ti* & *ho-ti*, c'est-à-dire lettres composées de plusieurs corps, corps réunis. Les lettres composées se soudivisent en *tong-ti* & *pou-tong-ti*, consubstantielles, & non consubstantielles: on entend par lettres consubstantielles des caracteres composés d'un même membre répété plusieurs fois. Ainsi, par exemple, la clé *mou*, bois, répétée deux fois, forme un nouveau caractere qui se prononce *lin*, & signifie *forêt*. La même clé, répétée trois fois, forme encore un autre caractere qui se prononce *sen*, & se dit d'une multitude d'arbres, & métaphoriquement de la rigueur des lois.

La clé *keou*, la bouche, répétée trois fois, forme un nouveau caractere qui se prononce *pin*, & signifie *ordre*, *degré*, *loi*, *regle*, &c. On entend par lettres non consubstantielles ou hétérogenes les caracteres composés de plusieurs membres differens. Tels sont les caracteres *ming*, clarté, composé des clés *ge*, soleil, & *yue*, lune. *Lân*, ignorant, composé de *lin*, forêt, & de *gin*, homme.

Feu M. Fourmont l'aîné, dans les réflexions sur la langue chinoise, qu'il publia en 1737 sous le titre de *Meditationes Sinicæ*, cherche des sens suivis dans les 214 clés chinoises. Il les envisage comme une image de la nature dans les êtres sensibles ou la matiere; mais j'ose croire qu'à cet égard il a cédé un peu trop à son imagination: toutes les divisions & soudivisions que j'ai rapportées, regardent moins les anciennes lettres chinoises que les modernes; ce sont en effet les nouveaux dictionnaristes qui ont borné le nombre des clés ou lettres radicales à 214, & qui les ont rangées dans cet ordre. Les anciens en admettoient davantage.

Hiu-tching, auteur célebre qui fleurissoit sous la dynastie impériale des *Han*, est l'auteur d'un dictionnaire fort estimé, intitulé *Choue-ven*, dans lequel il fait monter le nombre de ces lettres radicales à 540, & beaucoup de Chinois sont même d'opinion que ces 540 radicales sont de l'invention de *Thsang-hie*, officier de l'empereur Hoangti, ce qui en feroit remonter l'origine dans la plus haute antiquité. Ces observations détruisent, ce me semble, celles de M. Fourmont, puisque l'on ne peut admettre une progression d'idées dans 214 caracteres détachés, qui n'ont été assujettis à l'ordre qu'ils gardent ici, qu'eu égard au nombre de traits dont ils sont composés, & qui étoient anciennement en plus grand nombre & dans un ordre tout différent. On jugera d'ailleurs qu'il étoit impossible d'observer en même tems & la progression des traits & celle des idées ou des êtres, si l'on se rappelle que la plûpart des caracteres chinois, dans leur origine, représentoient les objets mêmes qu'ils étoient destinés à signifier.

Les anciens caracteres chinois étoient appellés *niao-tsi ouene*, c'est-à-dire, caracteres imitant les traces des oiseaux; ils avoient été figurés, disent les historiens chinois, d'après les étoiles & les traces que des oiseaux & des animaux de différentes especes avoient imprimé sur un sable ferme & uni. Le nombre de ces caracteres s'est accru de siecle en siecle, mais ils ne conserverent pas toujours la même forme. Sous la dynastie impériale des *Tcheou*, la Chine divisée en 72 petits états tributaires, vit son écriture prendre autant de formes différentes, parce que chacun de ses rois tributaires crut qu'il y alloit de sa gloire d'avoir une écriture particuliere. Confucius se plaignoit de cet abus, & de l'altération faite aux anciens caracteres: mais enfin *Chi-hoang-ti*, fondateur de la dynastie impériale de Thsine, ayant détruit ceux de ces rois vassaux qui subsistoient encore de son tems, & réuni tout ce vaste empire sous sa puissance, introduisit un caractere qui fût commun à tout l'empire; il est probable même que le desir d'établir cette écriture générale, avoit occasionné en bonne partie l'incendie des livres, ordonnée avec tant de sévérité par cet empereur. *Ly-ssé*, son ministre qui fut chargé du soin de cette écriture, supprima les bâtons trempés dans le vernis, avec lesquels on écrivoit alors & introduisit l'usage du pinceau, plus propre à former les pleins & les déliés. Enfin *Tsin-miao*, qui travailloit à ces innovations sous les ordres de *Ly-ssé*, imagina de donner à ces caracteres une figure quarrée, sans pour cela détruire ni le nombre de leurs traits, ni leur disposition respective, & ils furent nommés *ly chu*. L'écriture *kiai-chu* en usage aujourd'hui pour l'impression des livres, differe peu de l'écriture *ly-chu*.

Les anciens Philosophes chinois, qui donnerent leurs soins à l'invention des caracteres de l'écriture, méditerent beaucoup sur la nature & les propriétés des choses dont ils vouloient donner le nom propre, & ils assujettirent autant qu'ils le purent leur travail à six ordres ou classes différentes.

La premiere de ces classes appellée *siang-hing*, ou conforme à la figure, comprend les caracteres représentatifs des êtres ou choses que l'on veut exprimer.

La seconde, appellée *tchi-ssé*, représentation, contient les caracteres empruntés de la nature meme de la chose. Exemple, *kién*, voir, est composé du caractere *gîn*, homme, & du caractere *mou*, œil, parce que la nature de l'œil de l'homme est de voir.

La troisieme, appellée *hoei-y*, connexion de caracteres, contient les caracteres qui ont quelqu'affinité entr'eux par rapport à leurs propriétés: par exemple, pour exprimer l'idée d'empoigner, ils se servent du caractere *ho*, joindre, & du caractere *cheou*, main, parce qu'un des offices de la main est d'empoigner, ce qu'elle ne fait que lorsqu'elle est jointe à la chose qu'elle tient.

La quatrieme s'appelle *hiâ ching*, & contient les caracteres auxquels on a joint d'autres pour lever les équivoques qui en résulteroient lorsque leur prononciation est la même: par exemple, le mot *câne*, qui signifie indifféremment *remercier*, *toucher*, *tenter*, *exciter*, accompagné du mot générique *yû*, poisson, signifie alors tout simplement un *brochet*.

La cinquieme classe se nomme *tchùen-tchû*, interprétation flexible ou inflexion de voix; elle comprend les caracteres susceptibles de différens tons, & qui expriment conséquemment différentes choses. Ex. *hìng* au second ton signifie *marcher*, *faire*; au quatrieme ton, *action*, *mœurs*. Il arrive assez souvent que les Chinois désignent le ton de ces caracteres ambigus par un petit *o*, qu'ils placent à un de leurs angles.

La sixieme & derniere se nomme *kia-tsie*, emprunter; les caracteres de cette classe ont deux sortes d'emprunts; l'emprunt du ton, & l'emprunt du sens. L'emprunt du ton se fait d'une chose qui a bien à la vérité un nom, mais qui n'a point de caractere qui lui soit particulier. Alors on donne à cette chose pour caractere, celui qui manque de caractere propre. Exemple: le caractere *neng* qui, au sens propre, marque un animal qui est extrêmement fort & puissant, signifie au sens figuré *pouvoir*, *puissant*. L'emprunt du sens se fait en se servant de la propre signification d'un caractere ou mot pour en signifier un autre; ainsi *nui*, intérieur, dedans, se prend aussi pour *entrer*, parce qu'on ne dit pas *entrer dehors*, mais *entrer dedans*.

La prononciation de la langue chinoise est différente dans les divers pays où on la parle, & où l'écriture chinoise est en usage; ainsi, quoique les Japonnois & divers autres peuples entendent les livres chinois & écrivent en chinois, ils n'entendroient pas cependant un Chinois qui leur parleroit.

Cette prononciation même varie dans les différentes provinces, dont la Chine est composée; les peuples du Fokien, Tchekiang, Hou-couang, Setchou en, Honan, Kiangi, prononcent plus lentement, comme font les Espagnols; ceux des provinces de Couang-tong, Couang-si, Yunnane, parlent bref, comme les Anglois; dans la province de Nanking, si on excepte les villes de Songkiang, Tchingkiang & Fongyang, la prononciation est douce & agréable, comme celle des Italiens: enfin les habitans des provinces de Peking, Chantong, Chansi & Chensi aspirent beaucoup, comme les Allemands; mais sur tout ceux de Peking, qui inserent fréquemment dans leurs discours la particule conjonctive *eùll*.

Outre cette variété de prononciation qui ne regarde que la langue kouon hoa, c'est-à-dire la langue commune à toute la Chine; il existe dans cet empire, & sur-tout dans les provinces du midi, un grand nombre de dialectes. Chaque province, & même chaque ville du premier ordre ont la leur, qui n'est presque pas entendue dans les autres villes du même ordre. Et quoique dans les villes du second & du troisieme ordre on parle assez souvent la dialecte qui est en usage dans la ville du premier ordre dont elles relevent, il y a toujours cependant un accent différent, qui l'est tellement, dans certaines provinces, que cette dialecte pourroit passer pour une langue particuliere.

Les histoires de la Chine nous apprennent qu'avant l'invention de ces caracteres, les Chinois avoient imaginé de transmettre leurs pensées par le moyen de cordelettes nouées qui leur tenoient lieu d'écriture. Tels étoient les quipos dont se servoient les Péruviens, avant que les Espagnols eussent fait la conquête de leur pays. L'usage du papier s'introduisit à la Chine environ 160 ans avant Jesus-Christ: avant cette époque, on écrivoit avec un styiet de fer sur l'écorce, ou sur de petites planches de bambou, comme font encore à présent la plûpart des Indiens.

L'Imprimerie a commencé à la Chine l'an 927 de Jesus-Christ, sous le regne de Ming tcoung, second empereur de la dynastie des *Heou-Thang*, ou seconds Thang.

La langue chinoiſe, nonobſtant pluſieurs défectuoſités qu'on peut y remarquer, eſt belle & très-expreſſive ; ſa beauté conſiſte principalement dans un laconiſme, qui à la vérité n'eſt pas peu embarraſſant pour un étranger, mais elle mérite d'être appriſe, & ſon étude même eſt amuſante pour un philoſophe qui cherche à approfondir la maniere dont les choſes ont été perçues par des hommes ſéparés de nous, de tout l'hémiſphere. Elle le mérite encore davantage par le nombre d'excellens ouvrages en tout genre qu'elle peut nous procurer, & dont nous avons déja un aſſez grand nombre à la bibliotheque du roi. Cette langue, par la maniere dont elle eſt conſtruite, pourroit être adoptée pour une langue univerſelle, & ſans-doute que M. Leibnitz n'en eût pas cherché d'autre, s'il l'eût connue.

Un Chinois, nommé *Hoang-ge*, par ordre de Louis XIV. avoit commencé une grammaire & un dictionnaire de cette langue ; mais ces travaux demeurerent imparfaits par ſa mort arrivée en 1716. Feu M. Fourmont l'aîné chargé de les continuer, publia en 1737 les *Meditationes Sinicæ*, dont nous avons parlé, & en 1742 une grammaire chinoiſe fort ample. Reſte le dictionnaire qui eſt plus eſſentiel encore pour l'intelligence de cette langue ; il y a lieu d'eſpérer que la paix dont nous jouiſſons, nous en procurera la publication ; la magnificence du roi a déjà levé tous les obſtacles ; la gravure de plus de 200000 caracteres, exécutée ſous les yeux de M. Fourmont, y eſt plus que ſuffiſante pour y parvenir.

C'eſt à M. des Hauterayes que nous ſommes redevables de ces explications, & de la plus grande partie des alphabets contenus dans nos Planches. La moindre reconnoiſſance que nous puiſſions lui donner, c'eſt d'avouer toutes les obligations que nous lui avons. Il a veillé même à la gravure des Planches ; & ceux qui ont quelque idée de ce travail, ſavent combien il eſt pénible. Si on compare notre collection, ou plûtôt la ſienne, avec ce qu'on a publié juſqu'à préſent, ſoit en France, ſoit en Angleterre, & qu'on ait quelque égard à la difficulté de ſe procurer des matériaux certains, & de s'aſſurer qu'ils le ſont, & à la loi que M. des Hauterayes s'eſt impoſée, de n'enfler ce recueil d'aucun alphabet particulier, fictif ou haſardé, j'eſpere qu'on le trouvera plus riche qu'on ne pouvoit l'eſpérer.

Alphabets Orientaux Anciens

Voielles de l'Hébreu

Nom	Valeur fig. et Situ.	
Camets	obscur a	אָ
Tsere	ē	אֵ
Chirck Gadol. le grand	i	ִי
Cholem	ō	וֹ
Schsrek	8	וּ
Voyelles Breves		
Patach	ă	אַ
Segol	ĕ	בֶ
Chireckaton le petit	i	בִ
Camets Chatef	obscur o	בָ
Kibbuts	Francois u	בֻ
Voyelles tres breves		
Scheva	e muet ɛ	אְ
Chatef Patach.	a	בֲ
Catef Segol.	ai	אֱ
Catef Camets	tr. br. o	בֳ

Lettres

Valeur numerique des lettres	Rabbinique (le Nom et la Valeur est le même qu'en Hebreu)		Samaritain		Hebreu Quarré Valeur	Nom		Figure
1	אלף	א	ࠀ	ࠀ	A	Aleph	אָלֶף	א
2	בית	ב	ࠁ	ࠁ	β	Beth	בֵּית	ב
3	גימל	ג	ࠂ	ࠂ	Gh ou γ	Gimel	גִּימֶל	ג
4	דלת	ד	ࠃ	ࠃ	Dh	Daleth	דָּלֶת	ד
5	הא	ה	ࠄ	ࠄ	H	He	הֵא	ה
6	וו	ו	ࠅ	ࠅ	V	Vau	וָו	ו
7	זין	ז	ࠆ	ࠆ	Z ou ζ	Zaijn	זַיִן	ז
8	חית	ח	ࠇ	ࠇ	Hh ou χ	Cheth	חֵית	ח
9	טית	ט	ࠈ	ࠈ	T	Teth	טֵית	ט
10	יוד	י	ࠉ	ࠉ	I	Iod	יוֹד	י
20	כף	כ	ࠊ	ࠊ	Ch	Caph	כַּף	כ
30	למד	ל	ࠋ	ࠋ	L	Lamed	לָמֶד	ל
40	מם	מ	ࠌ	ࠌ	M	Mem	מֵם	מ
50	נון	נ	ࠍ	ࠍ	N	Nun	נוּן	נ
60	סמך	ס	ࠎ	ࠎ	S	Samech	סָמֶךְ	ס
70	עין	ע	ࠏ	ࠏ	A guttural.	Aijn	עַיִן	ע
80	פא	פ	ࠐ	ࠐ	Ph	Pe	פֵּא	פ
90	צדי	צ	ࠑ	ࠑ	Tſ	Tsade	צָדִי	צ
100	קוף	ק	ࠒ	ࠒ	Q ou K	Coph	קוֹף	ק
200	ריש	ר	ࠓ	ࠓ	R	Resch	רֵישׁ	ר
300	שין	ש	ࠔ	ࠔ	S	Schin	שִׁין	ש
400	תו	ת	ࠕ	ࠕ	Th	Tau	תָּו	ת

Finales du Rabinique

Caph	Mem	Nun	Pe	Tsade	Aleph
ך 500	ם 600	ן 700	ף 800	ץ 900	א 1000

Finales de l'Hebreu

Tsade	Pe	Nun	Mem	Caph
ץ 900	ף 800	ן 700	ם 600	ך 500

Exemple de l'Hebreu Quarré Ponctué et sans Points. Ps. 3

2 יְהוָה מָה רַבּוּ צָרָי . רַבִּים קָמִים עָלָי : 3 רבים אמרים לנפשי אין ישועתה לו באלהים
סלה 4 ואתה יהוה מגן בעדי כבודי ומרים ראשי 5 קולי אל יהוה אקרא ויענני
מהר קדשו : סלה

Echantillon d'Ecriture Rabinique. Ps. 3. v. 5 et 6.

cum salvavit ejus angustiis omnibus ex et audivit Dominus et clamavit pauper Iste confundentur non eorum facies et sunt illustrati et eum ad Aspexerunt

הביטו אליו ונהרו ופניהם אל יחפרו : זה עני קרא ויהוה שמע ומכל צרותיו הושיעו :

Hibbitu elau venaharu uphnehem al iechparu : Ze gani kara vadonai scamcag vmiccol tsarothau hoschigo

Samaritain

esurierunt et egerunt Leunculi

ࠊࠐࠉࠓࠉࠌ ࠓࠔࠅ ࠅࠓࠏࠁࠅ

Kephirim rascu verageuu

Timete Dominum ejus sancti non quoniam defectus cum timentibus

ࠉࠓࠀࠅ ࠀࠕ ࠉࠄࠅࠄ ࠒࠃࠔࠉࠅ ࠊࠉ ࠀࠉࠍ ࠌࠇࠎࠅࠓ ࠋࠉࠓࠀࠉࠅ

Ieru eth Adonai Kedoscau ki en machsor lireau

Goussier del.

Alphabets.

Anciens et Modernes.

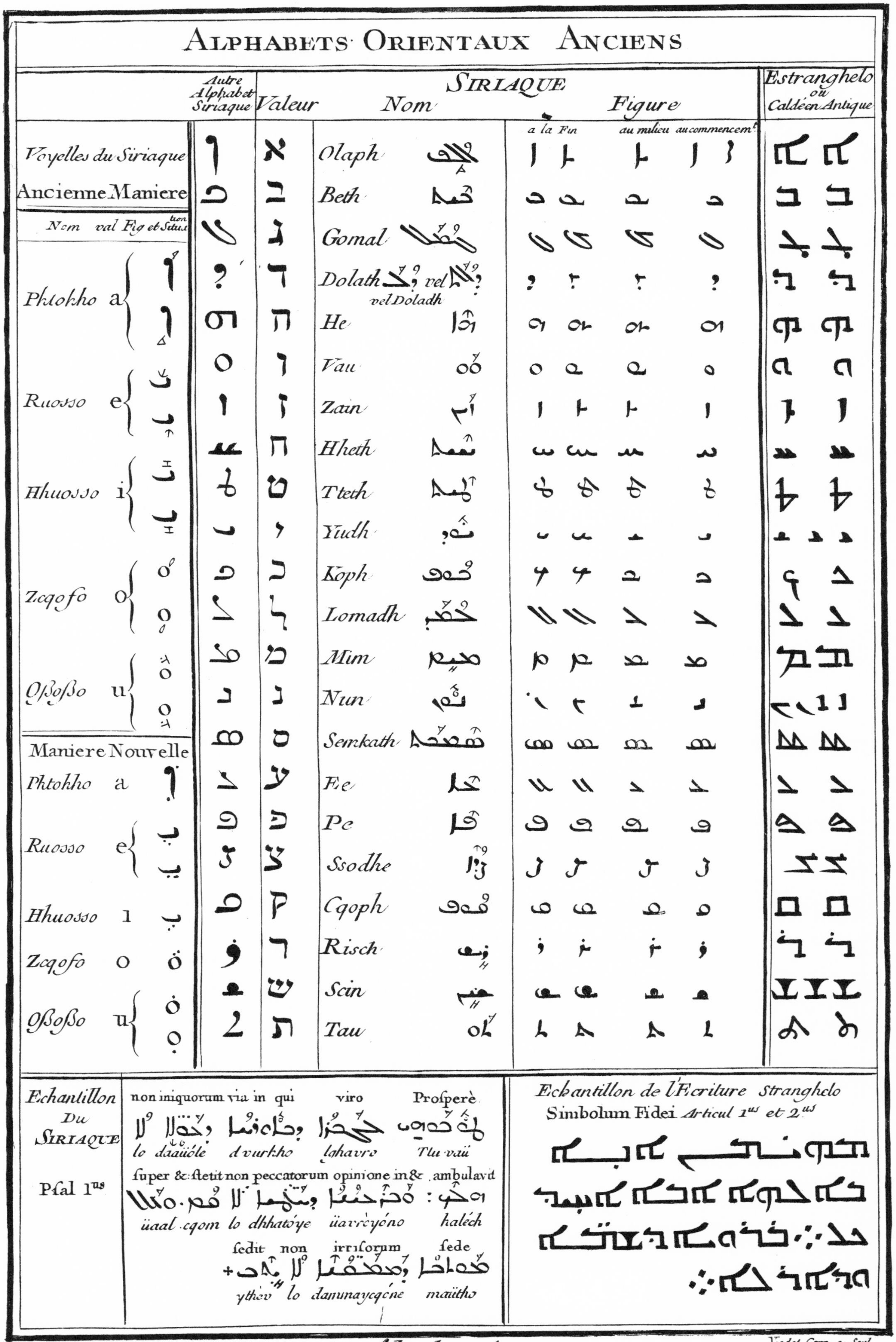

Alphabets Orientaux Anciens

	Autre Alphabet Siriaque	Siriaque: Valeur	Nom	Figure: a la Fin / au milieu / au commencem.t	Estranghelo ou Caldéen Antique
Voyelles du Siriaque Ancienne Maniere		א	Olaph		
Nom val Fig et Situation		ב	Beth		
		ג	Gomal		
Phtokho a		ד	Dolath vel vel Doladh		
		ה	He		
Ruosso e		ו	Vau		
		ז	Zain		
		ח	Hheth		
Hhuosso i		ט	Tteth		
		י	Yudh		
Zeqofo o		כ	Koph		
		ל	Lomadh		
Ossosso u		מ	Mim		
		נ	Nun		
Maniere Nouvelle		ס	Semkath		
Phtokho a		ע	Ee		
Ruosso e		פ	Pe		
		צ	Ssodhe		
Hhuosso i		ק	Cqoph		
Zeqofo o		ר	Risch		
Ossosso u		ש	Scin		
		ת	Tau		

Echantillon Du Siriaque

Psal 1us

non iniquorum via in qui viro Prospere

lo daaüöle dvurkho lghavro Tlu vaü

super &: stetit non peccatorum opinione in & ambulavit

üaal cqom lo dhhatöye üavrcyöno halech

sedit non irrisorum sede

ythev lo damnaycqene maütho

Echantillon de l'Ecriture Stranghelo

Simbolum Fidei Articul 1us et 2us

Goussier del.

Nodot Corr. e Sculp.

Alphabet Arabe

Valeur	Nom	Finales	Medantes	Initiales
A	Alif			
B	Be			
T	Te			
TZ	Thse			
G	Gjim			
H	Hha			
CH	Cha			
D	Dal			
DZ	Dhsal			
R	Re			
Z	Ze			
S	Sin			
Sj	Sjin			
S	Sad			
D	Dad			
T	Ta			
D	Da			
ע	Ain			
G	Gain			
PH	Phe			
K	Kof			
C	Kef			
L	Lam			
M	Mim			
N	Nun			
W	Vau			
H	He			
J	Je			
La	Lamalif			

	II Mauritanique ou Occidental	I Cuphique ou Oriental
A		
B		
G		
D		
H		
V		
Z		
Ch		
T		
I		
C		
L		
M		
N		
S		
Hh		
Ph		
Ts		
K		
R		
Sch		
Tz		
Th		
Ch		
Dhs		
Dz		
Thz		
Gch		
La		

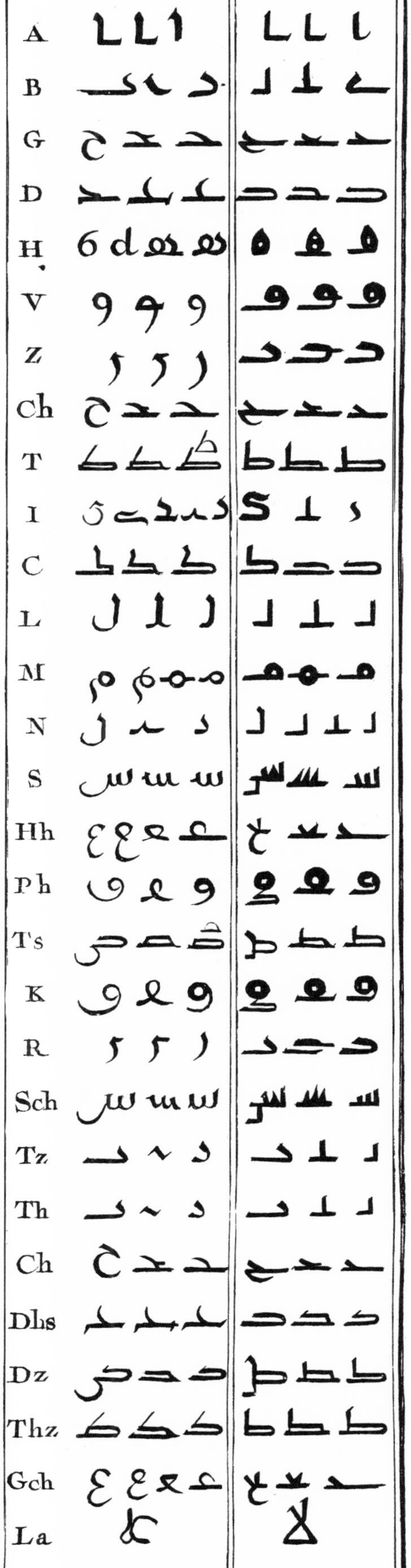

Goussier del.

Alphabets,
Anciens et Modernes.

Alphabet Arabe, Turc, Persan.

Voyelles Arabes.

Valeur		Exemple		Nom Turc		Nom Arabe.	Fig. et Situation
a dair	comme dans	نَصَرَ	nassara	Ustun	Alfattho	اَلْفَتْحُ	بَ
e ou i	comme dans	بِسَرِيرِهِ	basarirehi	Kesré	Alkasro	اَلْكَسْرُ	بِ
o ou u	comme dans	صُدُورُكُمْ	Sodûrokom	Iturû	Atddhammo	اَلضَّمُّ	بُ

Voyelles Tanouin ou Nunnations.

an	comme	كِتَابًا	Ketaban	Tannino Ifatthi	تَنْوِينُ الْفَتْحِ	بً
in	comme	كِتَابٍ	Ketabin	Tannino lkafri	تَنْوِينُ الْكَسْرِ	بٍ
on	comme	كِتَابٌ	Ketabon	Tannino tddhammi	تَنْوِينُ الضَّمِّ	بٌ بُ

NOTES ORTOGRAPHIQUES

ء	ٱ	~	◦	ّ
Hamza	Wesla	Madda	Giezma	Teschdid

Distinctions ou Ponctuations

* ۞ * . ۶۶

Les Turcs et les Persans ont Cinq Lettres deplus que les Arabes,

	Sçavoir.	Valeur.	Nom.	Figure.	Exemple.	
P.	Comme dans Pere.	P.	Pe.	پ	Padischah	پادشاه
C.	Comme dans Cecita.	C. Italien.	Tchim.	چ	Tchelebi	چلبي
G.	Comme dans Gallant.	Ghi.	Kef-agemi.	گ	Gueuz	گوز
N.	Comme dans Autun.	N. Finale des François.	Saghyr Nun.	ڭ	Babanun	بابانڭ
J.	Comme dans Jamais.	J. François.	Ze-agemi.	ژ	Janun	ژنك

Exemple & Lecture de l'Ecriture Arabique

بِسْمِ اللّٰهِ الرَّحْمٰنِ الرَّحِيمِ ☼ اَلْحَمْدُ لِلّٰهِ رَبِّ الْعَالَمِينَ ☼

Bism - illah - irrahman - irrahimi. alhamdo lillahi Rabb - ilaalamina:

اَلرَّحْمٰنِ الرَّحِيمِ ☼ مَلِكِ يَوْمِ الدِّينِ ☼ اِيَّاكَ نَعْبُدُ وَاِيَّاكَ

Arrahman - irrahimi: Maleki Iaoum - eddini: Eiiaka naaboudou, oua Eiiaka

نَسْتَعِينُ ☼ اِهْدِنَا الصِّرَاطَ الْمُسْتَقِيمَ صِرَاطَ الَّذِينَ اَنْعَمْتَ عَلَيْهِمْ غَيْرِ

Nastaainou: Ihdina assirat el - moustakima, Ssirat - alladhsina anaamta alahum gair

الْمَغْضُوبِ عَلَيْهِمْ وَلَا الضَّالِّينَ ☼ آمِينَ ☼

il - magdoubi alahim. oua la addalina. Amina.

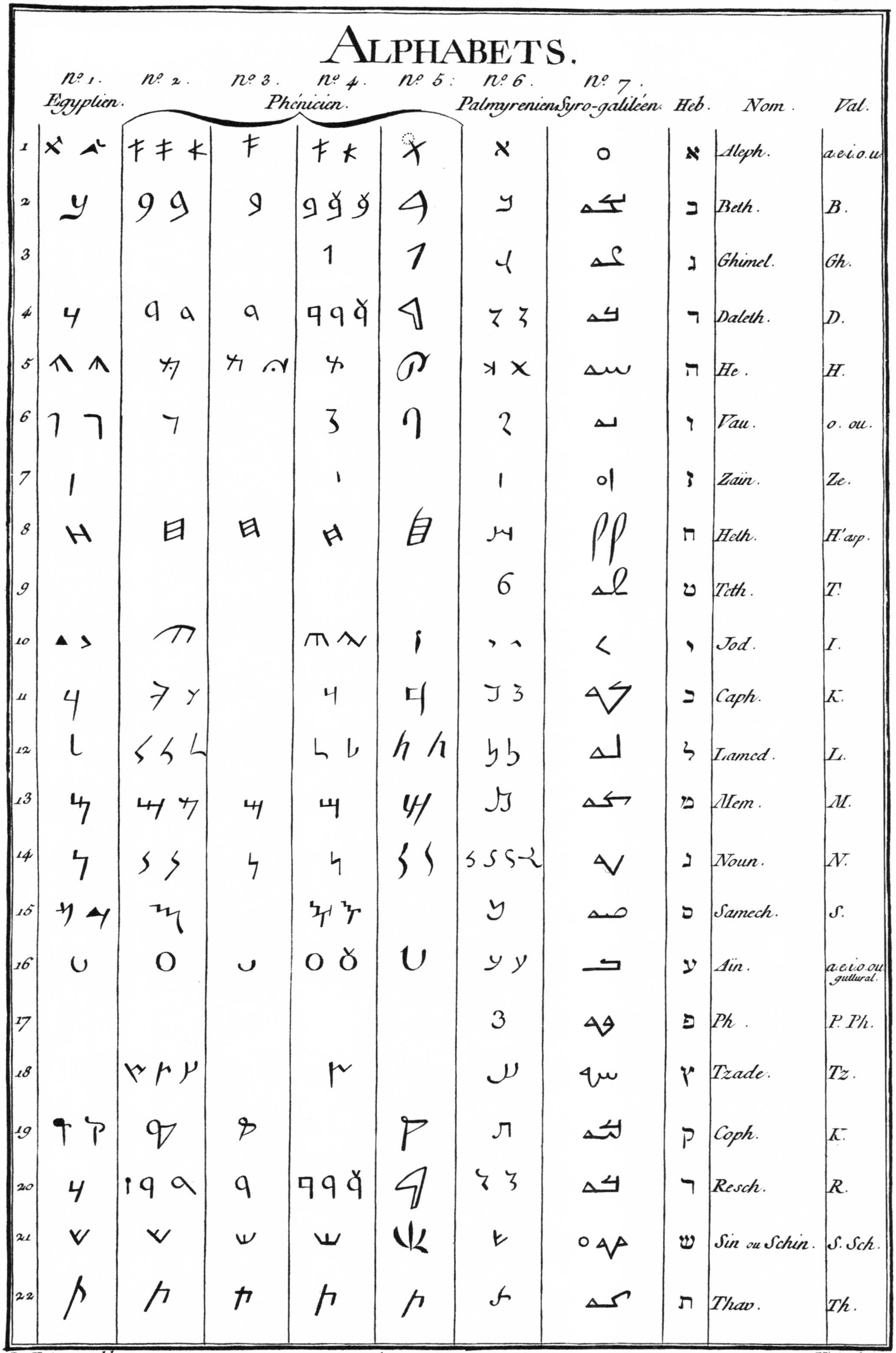

ALPHABETS.

nº 1. Egyptien. — nº 2. nº 3. nº 4. nº 5. Phénicien. — nº 6. Palmyrenien. — nº 7. Syro-galiléen.

	Heb.	Nom.	Val.
1	א	Aleph.	a.e.i.o.u.
2	ב	Beth.	B.
3	ג	Ghimel.	Gh.
4	ד	Daleth.	D.
5	ה	He.	H.
6	ו	Vau.	o. ou.
7	ז	Zaïn.	Ze.
8	ח	Heth.	H. asp.
9	ט	Teth.	T.
10	י	Jod.	I.
11	כ	Caph.	K.
12	ל	Lamed.	L.
13	מ	Mem.	M.
14	נ	Noun.	N.
15	ס	Samech.	S.
16	ע	Aïn.	a.e.i.o.ou guttural.
17	פ	Ph.	P. Ph.
18	צ	Tzade.	Tz.
19	ק	Coph.	K.
20	ר	Resch.	R.
21	ש	Sin ou Schin.	S. Sch.
22	ת	Thav.	Th.

Des Hautesrayes del. — Niodot Sculp.

Alphabets,

Anciens et Modernes.

Alphabet ou Sillabaire
Ethiopien et Abissin

Nom		a. bre	u. lon	i. lon	a. lon	e. lon	e. bre	o. lon	Nombre
Hoi	ה	ha ሀ	hu ሁ	hi ሂ	ha ሃ	he ሄ	h ህ	ho ሆ	1 ፩
Laui	ל	la ለ	lu ሉ	li ሊ	la ላ	le ሌ	l ል	lo ሎ	2 ፪
Haut	ח	ha ሐ	hu ሑ	hi ሒ	ha ሓ	he ሔ	h ሕ	ho ሖ	3 ፫
Mai	מ	ma መ	mu ሙ	mi ሚ	ma ማ	me ሜ	m ም	mo ሞ	4 ፬
Saut	ס	sa ሠ	su ሡ	si ሢ	sa ሣ	se ሤ	s ሥ	so ሦ	5 ፭
Res	ר	ra ረ	ru ሩ	ri ሪ	ra ራ	re ሬ	r ር	ro ሮ	6 ፮
Saat	ש	sa ሰ	su ሱ	si ሲ	sa ሳ	se ሴ	s ስ	so ሶ	7 ፯
Kaf	ק	ka ቀ	ku ቁ	ki ቂ	ka ቃ	ke ቄ	k ቅ	ko ቆ	8 ፰
Bet	ב	ba በ	bu ቡ	bi ቢ	ba ባ	be ቤ	b ብ	bo ቦ	9 ፱
Taui	ת	ta ተ	tu ቱ	ti ቲ	ta ታ	te ቴ	t ት	to ቶ	10 ፲
Hharm	ח	hha ኀ	hhu ኁ	hhi ኂ	hha ኃ	hhe ኄ	hh ኅ	hho ኆ	20 ፳
Nahas	נ	na ነ	nu ኑ	ni ኒ	na ና	ne ኔ	n ን	no ኖ	30 ፴
Alph	א	a አ	u ኡ	i ኢ	a ኣ	e ኤ	e እ	o ኦ	40 ፵
Caf	כ	ca ከ	cu ኩ	chi ኪ	ca ካ	che ኬ	c ክ	co ኮ	50 ፶
Vaue	ו	Va ወ	vu ዉ	vi ዊ	va ዋ	ve ዌ	v ው	vo ዎ	60 ፷

Nom		a. bre	u. lon	i. lon	a. lon	e. lon	e. bre	o. lon	Nombre
Hain	ע	ha ዐ	hu ዑ	hi ዒ	ha ዓ	he ዔ	h ዕ	ho ዖ	70 ፸
Zai	ז	za ዘ	zu ዙ	zi ዚ	za ዛ	ze ዜ	z ዝ	zo ዞ	80 ፹
Iaman	י	ia የ	iu ዩ	ii ዪ	ia ያ	ie ዬ	i ይ	io ዮ	90 ፺
Dent	ד	da ደ	du ዱ	di ዲ	da ዳ	de ዴ	d ድ	do ዶ	100 ፻
Gheml	ג	ga ገ	gu ጉ	ghi ጊ	ga ጋ	ghe ጌ	g ግ	go ጎ	200 ፪፻
Taut	ט	tha ጠ	thu ጡ	thi ጢ	tha ጣ	the ጤ	th ጥ	tho ጦ	300 ፫፻
Ppait	פ	ppa ጰ	ppu ጱ	ppi ጲ	ppa ጳ	ppe ጴ	pp ጵ	ppo ጶ	400 ፬፻
Tzadai	צ	tza ጸ	tzu ጹ	tzi ጺ	tza ጻ	tze ጼ	tz ጽ	tzo ጾ	500 ፭፻
Zzappa	צ	zza ፀ	zzu ፁ	zzi ፂ	zza ፃ	zze ፄ	zz ፅ	zzo ፆ	600 ፮፻
Af	פ	fa ፈ	fu ፉ	fi ፊ	fa ፋ	fe ፌ	f ፍ	fo ፎ	700 ፯፻
Psa	פ	pa ፐ	pu ፑ	pi ፒ	pa ፓ	pe ፔ	p ፕ	po ፖ	800 ፰፻
		qua ኰ	qui ኲ	qua ኳ	que ኴ	queu ኵ			900 ፱፻
		gua ቈ	gui ቊ	gua ቋ	gue ቌ	gueu ቍ			1000 ፲፻
		Kua ጐ	Kui ጒ	Kua ጓ	Kue ጔ	Kueu ጕ			2000 ፳፻
		hqua ኈ	hqui ኊ	hqua ኋ	hque ኌ	hqueu ኍ			

Les Abissins ont sept Lettres de plus que les Ethiopiens. Sçavoir:

ሸ	Shă.	ሹ	Shû.	ሺ	Shî.	ሻ	Shâ.	ሼ	Shê.	ሽ	Shĕ.	ሾ	Shô.
ቸ	Tja.	ቹ	Tju.	ቺ	Tji.	ቻ	Tja.	ቼ	Tje.	ች	Tje.	ቾ	Tjo.
ኘ	Nja.	ኙ	Nju.	ኚ	Nji.	ኛ	Nja.	ኜ	Nje.	ኝ	Nje.	ኞ	Njo.
ኸ	Kha.	ኹ	Khu.	ኺ	Khi.	ኻ	Kha.	ኼ	Khe.	ኽ	Khe.	ኾ	Kho.
ዠ	Ja.	ዡ	Ju.	ዢ	Ji.	ዣ	Ja.	ዤ	Je	ዥ	Je.	ዦ	Jo.
ጀ	Dja.	ጁ	Dju.	ጂ	Dji.	ጃ	Dja.	ጄ	Dje.	ጅ	Dje.	ጆ	Djo.
ጨ	Tsha.	ጩ	Tshu.	ጪ	Tshi.	ጫ	Tsha.	ጬ	Tshe.	ጭ	Tshe.	ጮ	Tsho.

Ce qui suit est l'AVE MARIA en Langue Latine et Caractere Ethiopien

እዌ፡ መሪእ፡ ግራዚእ፡ ፕሌነ፡ ዶሚኑሥ፡ ቴቁም፡፡ ቤነዲክታ፡ ቱ፡ ኢን፡ ሙሊኤሪቡሥ፡፡ ኤት፡

ቤነዲክቱሜ፡ ፍሩክቱሥ፡ ቬንትሪሥ፡ ቱኢ፡ ዬሡሥ፡፡ ሠንክተ፡ መሪእ፡ መቴር ዴኢ፡ እሬ፡

ፕሮ፡ ኖቢሥ፡ ፔቀቶሪቡሥ፡ ኑንክ፡ ኤት፡ ኢን፡ ሆሬ፡ ሞርቲሥ፡ ኖሥትሬ፡፡ አሜን፡፡

Goussier del. Niodet Corr. e Sculp.

ALPHABET COPHTE ou EGIPTIEN

Figure	Nom		Valeur
Ⲁ ⲁ	Ⲁⲗⲫⲁ	*Alpha*	A
Ⲃ ⲃ	Ⲃⲓⲇⲁ	*Vida*	V
Ⲅ ⲅ	Ⲅⲁⲙⲙⲁ	*Gamma*	G
Ⲇ ⲇ	Ⲇⲁⲗⲇⲁ	*Dalda*	D
Ⲉ ⲉ ⲉ	Ⲉⲓ	*Ei*	E
ⲋ ⲋ	ⲋⲟ	*So*	S
Ⲍ ⲍ	Ⲍⲓⲧⲁ	*Zida*	Z
Ⲏ ⲏ	Ⲏⲧⲁ	*Hida*	I
Ⲑ ⲑ	Ⲑⲓⲧⲁ	*Tida*	Th
Ⲓ ⲓ	Ⲓⲁⲩⲧⲁ	*Iauda*	I
Ⲕ ⲕ	Ⲕⲁⲡⲁ	*Kabba*	K
Ⲗ ⲗ	Ⲗⲁⲩⲗⲁ	*Laula*	L
Ⲙ ⲙ	Ⲙⲓ	*Mi*	M
Ⲛ ⲛ	Ⲛⲓ	*Ni*	N
Ⲝ ⲝ	Ⲝⲓ	*Exi*	X
Ⲟ ⲟ	Ⲟ	*O*	O
Ⲡ ⲡ	Ⲡⲓ	*Pi*	P
Ⲣ ⲣ	Ⲣⲟ	*Ro*	R
Ⲥ ⲥ	Ⲥⲓⲙⲁ	*Sima*	S
Ⲧ ⲧ ⲧ	Ⲧⲁⲩ	*Dau*	T
Ⲩ ⲩ	ϩⲉ	*He*	E
Ⲫ Ⲫ ⲫ	Ⲫⲓ	*Phi*	F
Ⲭ ⲭ	Ⲭⲓ	*Chi*	Ch
Ⲯ ⲯ	Ⲯⲓ	*Ebsi*	Pſ
Ⲱ ⲱ	Ⲁⲩ	*O*	O
Ϣ ϣ	Ϣⲉⲓ	*Scei*	Sc
Ϥ ϥ	Ϥⲉⲓ	*Fei*	F
Ϧ ϧ ϧ	Ϧⲉⲓ	*Chei*	Ch
Ϩ ϩ	Ϩⲟⲣⲓ	*Hori*	H
Ϫ ϫ	Ϫⲁⲛϫⲓⲁ	*Giangia*	Gi
Ϭ ϭ	Ϭⲓⲙⲁ	*Scima*	Sc
Ϯ ϯ	Ϯⲓ	*Dei*	Di

EXEMPLE de cette Ecriture

ⲯⲁⲗⲙⲟⲥ ⲙⲉ

ⲠⲈⲚⲚⲞⲨϮⲠⲈⲚⲈⲚ

ⲙⲁⲙ ⲯⲱⲧⲟⲩⲛⲟⲙⲧⲉⲛ̄ϫⲟⲙ //

Ⲡⲉⲛⲃⲟⲏⲑⲟⲥ ⲡⲉ ϧⲉⲛ ⲛⲉⲛⲑⲗⲩⲯⲓ

ⲥⲉ ⲧⲁⲩϫⲉⲙ ⲧⲉⲛⲉⲙⲁϣⲱ //

Ⲉⲑⲃⲉ ⲯⲁⲙⲛⲉⲛⲉⲣϩⲟϯ ⲓ ⲉϣⲱ

ⲡⲁϥ ϣⲁⲛϣⲑⲟⲣ ⲧⲉⲣⲡ̄ϫⲉⲡⲕⲁϩⲉ //

ALPHABET GREC.

Figura		Nomen		Potestas
Α	α	ἄλφα	*Alpha*	A a
Β	β ϐ	βῆτα	*Vita*	V u
Γ	γ Γ	γάμμα	*Gamma*	G g
Δ	δ ∂	δέλτα	*Delta*	D d
Ε	ε	ἐψιλόν	*Epsilon*	E e
Ζ	ζ	ζῆτα	*Zita*	Z z
Η	η	ἦτα	*Ita*	I ı
Θ	θ ϑ	θῆτα	*Thita*	Th th
Ι	ι	ἰῶτα	*Iota*	I ı
Κ	κ	κάππα	*Cappa*	C c Q qu
Λ	λ	λάμβδα	*Lambda*	L l
Μ	μ	μῦ	*My*	M m
Ν	ν	νῦ	*Ny*	N n
Ξ	ξ	ξῖ	*Xi*	X x
Ο	ο	ὀμικρόν	*Omicron*	O o
Π	ϖ π	ϖῖ	*Pi*	P p
Ρ	ρ	ῥῶ	*Rho*	R r
Σ	σ ς	σίγμα	*Sigma*	S ſ s
Τ	τ Τ	ταῦ	*Tau*	T t
Υ	υ	ὑψιλόν	*Ypsilon*	Y y
Φ	φ	φῖ	*Phi*	Ph ph f
Χ	χ	χῖ	*Chi*	Ch ch
Ψ	ψ	ψῖ	*Psi*	Ps ps
Ω	ω	ὠμέγα	*Omega*	O ō

Goussier del.

Alphabets.

Anciens et Modernes.

ALPHABETS.

	I Hebreu	II Samarit	III Grec	IV Arcadien	V Pelasge	VI Etrusque
1	א					
2	ב					
3	ג					
4	ד					
5	ה					
6	ו					
7						
8	ז					
9	ח					
10	ט					
11	י					
12	כ					
13	ל					
14	מ					
15	נ					
16	ס					
17	ע					
18	פ					
19						
20	צ					
21	ק					
22	ר					
23	ש					
24	ת					

Lettres Doubles

Ap. Pt. Tl.

Des Hauteraye del.

Alphabets,
Anciens et Modernes.

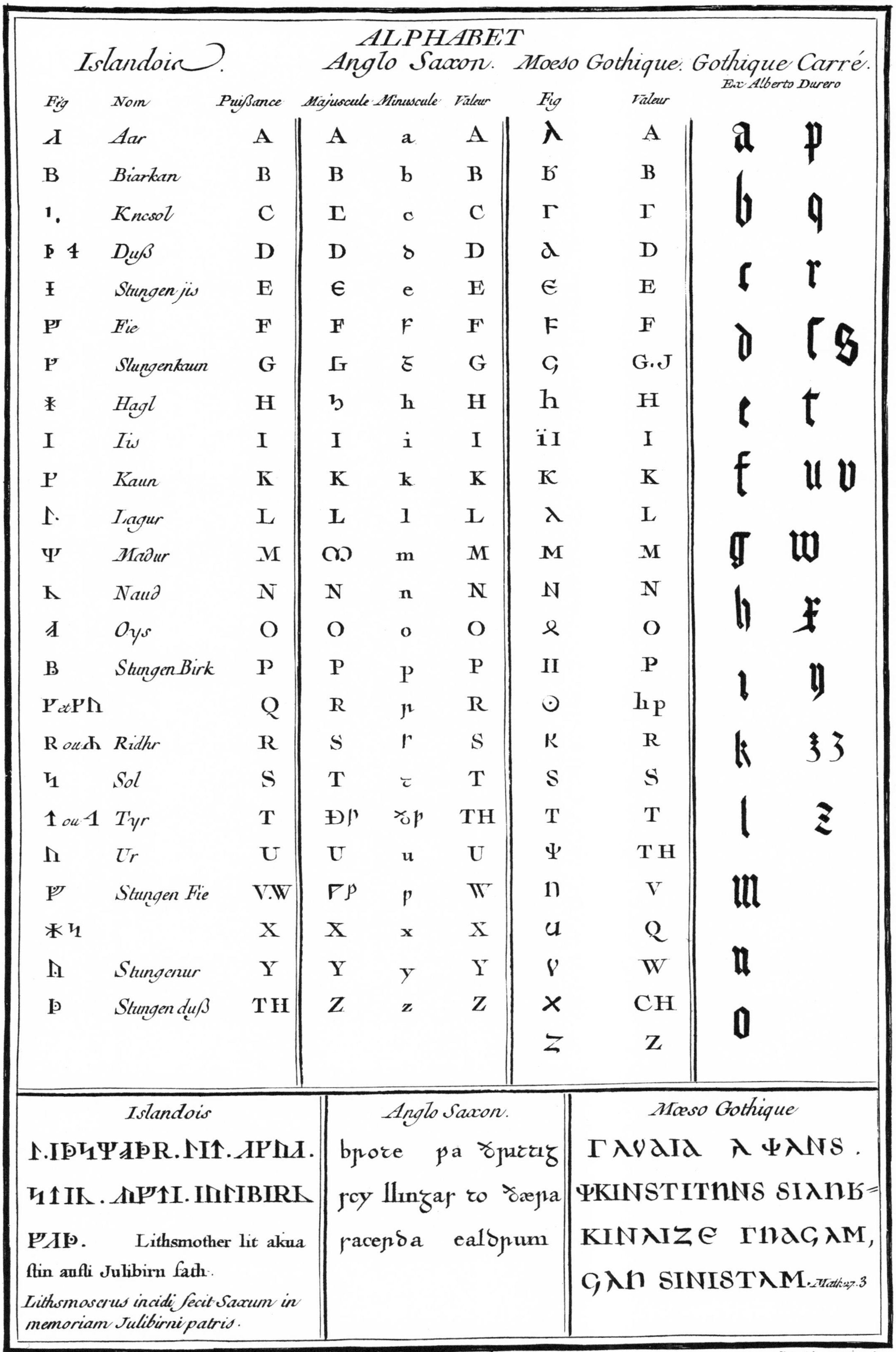

ALPHABET

Islandois.			*Anglo Saxon.*			*Moeso Gothique.*		*Gothique Carré. Ex Alberto Durero*	
Fig	*Nom*	*Puißance*	*Majuscule*	*Minuscule*	*Valeur*	*Fig*	*Valeur*		
ᛆ	*Aar*	A	A	a	A	λ	A	a	p
B	*Biarkan*	B	B	b	B	Ƀ	B	b	q
ı.	*Knesol*	C	C	c	C	Γ	Γ	c	r
Þ ᚦ	*Duß*	D	D	ð	D	∂	D	d	ſ s
ᛂ	*Stungen jis*	E	Є	e	E	Є	E	e	t
ᚠ	*Fie*	F	F	ꝼ	F	F	F	f	u v
ᚴ	*Slungenkaun*	G	G	ᵹ	G	G	G.J	g	w
ᚼ	*Hagl*	H	h	h	H	h	H	h	x
I	*Iis*	I	I	i	I	ïI	I	i	y
ᚴ	*Kaun*	K	K	k	K	K	K	k	ȝ z
ᛚ	*Lagur*	L	L	l	L	λ	L	l	z
Ψ	*Madur*	M	M	m	M	M	M	m	
ᚾ	*Naud*	N	N	n	N	N	N	n	
ᚬ	*Oys*	O	O	o	O	ꝋ	O	o	
B	*Stungen Birk*	P	P	p	P	Π	P		
ᚴ *et* ᚢ		Q	R	ꞃ	R	⊙	hp		
R *ou* ᛦ	*Ridhr*	R	S	ꞅ	S	K	R		
ᛋ	*Sol*	S	T	ꞇ	T	S	S		
ᛏ *ou* ᛏ	*Tyr*	T	Ðþ	ðþ	TH	T	T		
ᚢ	*Ur*	U	U	u	U	Ψ	TH		
ᚠ	*Stungen Fie*	V.W	Ƿ	ƿ	W	Π	V		
✱ᛋ		X	X	x	X	u	Q		
ᚢ	*Stungenur*	Y	Y	y	Y	ν	W		
Þ	*Stungen duß*	TH	Z	z	Z	X	CH		
						Ƶ	Z		

Islandois

ᛚ.ᛁᚦᛋᛘᛆᚦᚱ.ᛘᛏ.ᛆᚱᚢᛁ. ᛋᛏᛁᚴ.ᛆᚢᛏᛁ.ᛁᚢᛚᛁBIRᚴ ᚠᛆᚦ. Lithsmother lit akua stin aufti Julibirn fath.

Lithsmoserus incidi fecit Saxum in memoriam Julibirni patris.

Anglo Saxon

hꞃoꞇe ƿa ðꞃıꞇꞇıᵹ ꞅcy llinᵹaꞅ ꞇo ðæꞃa ꞅaceꞃða ealðꞃum

Mœso Gothique

ΓΑVΔΙΑ Α ΨΑΝS. ΨKINSTITΠΝS SIΑΠЬ= KINΑIZЄ ΓΠΑGΑΜ, GΑΠ SINISTΑΜ. *Math. 27. 3*

Goussier del. — P. L. Charpentier Sc.

Alphabets, Anciens et Modernes.

Alphabets

Russe Moderne			Russe Ancien		
А А а	Азъ	Анъ	*Az.*	азъ	А
Б Б б	Буки	Банъ	*Buki.*	буки	Б
В В в	Вѣд	Винъ	*Vadi.*	вѣди	В
Г Г г	Глаголь	Ганъ	*Glagol.*	глаголь	Г
Д Д д	Добро	Донъ	*Dobro.*	добро	Д
Е Е е	Есть	Енъ	*Iest.*	єсть	Є Е
Ж Ж ж	Живѣше	Жанъ	*Schiviet.*	живѣте	Ж
Ѕ Ѕ ѕ	Ѕѣло		*Zelo.*	ѕѣло	Ѕ
З З з	Земля	Зенъ	*Zemla.*	земля	З
И И и	Иже	Хе	*Ische.*	иже	И
І І і ї и	Інъ		*I.*		Ї Ї
К К к	Како	Канъ	*Kako.*	како	К
Л Л л	Люди	Ласъ	*Liudi.*	люди	Л
М М м	Мыслѣше	Манъ	*Missal.*	мыслѣте	М
Н Н н	Нашъ	Наръ	*Nasch.*	нашъ	Н
О О о	Онъ		*On.*	онъ	О
П П п	Покой	Паръ	*Pocoi.*	покой	П
Р Р р	Рцы	Рае	*Rtzi.*	рцы	Р
С С с	Слово	Санъ	*Slovo.*	слово	С
Т Т т	Твердо	Таръ	*Twerda.*	твердо	Т
У у у	Ук	Унъ	*Ik.*	икъ	Ѵ Ѹ
Ф Ф ф	Фернъ	Фїе	*Phert.*	фертъ	Ф
Х Х х	Хѣръ	Ханъ	*Cheer.*	хѣръ	Х
Ц Ц ц	Цы	Цанъ	*Tsi.*	цы	Ц
Ч Ч ч	Червь	Чинъ	*Tscherf.*	червь	Ч
Ш Ш ш	Ша	Шинъ	*Scha.*	ша	Ш
Щ Щ щ	Ща		*Schtscha.*	ща	Щ
Ъ Ъ ъ	Еръ		*Ier.*	еръ	Ъ
Ы Ы ы	Еры		*Ieri.*	еры	Ы
Ь Ь ь	Ерь		*Ieer.*	ерь	Ь
Ѣ Ѣ ѣ	Ять		*Iat.*	ять	Ѣ
Э Э э	Э	Хе			Є
Ю Ю ю	Ю		*Ksi.*	кси	Ѯ Ю
Я Я я	Я		*Psi.*	пси	Ѱ
Ѳ Ѳ ѳ	Ѳипа	Ѳїе	*Thita.*	ѳита	Ѳ
Ѵ Ѵ ѵ	Ѵжица		*Ischitze.*	ижица	Ѵ

Runique		Allemand	
ᛆ	A	𝔄	𝔞
B	B	𝔅	𝔟
ᚴ	C	ℭ	𝔠
ᛐ. ᚦ	D	𝔇	𝔡
ᛂ	E	𝔈	𝔢
ᚠ	F	𝔉	𝔣
ᚵ	G	𝔊	𝔤
ᚼ	H	ℌ	𝔥
ᛁ	I	ℑ	𝔦
ᚴ	K	𝔎	𝔨
ᛚ	L	𝔏	𝔩
ᛘ	M	𝔐	𝔪
ᚿ	N	𝔑	𝔫
ᚮ	O	𝔒	𝔬
ᛒ	P	𝔓	𝔭
ᚴᚴᚢ.	Q	𝔔	𝔮
Rᚱ	R	ℜ	𝔯
ᛋ	S	𝔖	𝔰 𝔰
ᛏ ᛐ	T	𝔗	𝔱
ᚢ	V	𝔙	𝔳
ᚠ	W	𝔚	𝔴
ᚼᛁ	X	𝔛	𝔵
ᚢ	Y	𝔜	𝔶
		ℨ	𝔷

Ecriture Runique

ᛁᚠᚱ· ᚠᚼᚼᛦᚱ·

ᚼᛁᛏ·ᚼᛁᚠᛘᚱ·

[illegible]

Goussier del.

Bénard Direx. Sculp.

Alphabets,

Anciens et Modernes.

Alphabets Orientaux Modernes.

Illirien ou Hieronimite.

Figure			Nom.	Valeur.	N
Ⰰ	ⰰ	ⰰⰸⱏ	Az	Aa	1
Ⰱ	ⰱ	ⰱⱆⰽⰹ	Buki	B b	2
Ⰲ	ⰲ	ⰲⰹⰴⰵ	Vide	V u	3
Ⰳ	ⰳ	ⰳⰾⰰⰳⱁⰾⰵ	Glagole	Gh	4
Ⰴ	ⰴ	ⰴⱁⰱⱃⱁ	Dobro	D d	5
Ⰵ	ⰵ	ⰵⱄⱅ	Est	E e	6
Ⰶ	ⰶ	ⰶⰹⰲⰹⱅⰵ	Xivite	X x	7
	ⰷ	ⰷⰵⰾⱁ	Zelo	S s	8
Ⰸ	ⰸ	ⰸⰵⰿⰾⰹⰰ	Zemlia	Z z	9
	ⰹ	ⰹⰶⰵ	Ixe	‡	10
Ⰺ	ⰺ	ⰺⰺ	Ii	I i	20
Ⰻ	ⰻ	ⰻⰵ	Ye	Y y	30
Ⰽ	ⰽ	ⰽⰰⰽⱁ	Kako	K k	40
Ⰾ	ⰾ	ⰾⱓⰴⰹ	Lyudi	L l	50
Ⰿ	ⰿ	ⰿⰹⱎⰾⰹⰵ	Mißile	M m	60
Ⱀ	ⱀ	ⱀⰰⱎⰹ	Nase	N n	70
Ⱁ	ⱁ	ⱁⱀⱏ	On	O o	80
Ⱂ	ⱂ	ⱂⱁⰽⱁⰹ	Pokoy	P p	90
Ⱃ	ⱃ	ⱃⱐⱌⰹ	Reczi	R r	100
Ⱄ	ⱄ	ⱄⰾⱁⰲⱁ	Slovo	S s	200
Ⱅ	ⱅ	ⱅⰲⱐⱃⰴⱁ	Tuerdo	T t	300
Ⱆ	ⱆ	ⱆⰽⱏ	Vk	V u	400
Ⱇ	ⱇ	ⱇⰵⱃⱅⱏ	Fert	F f	500
Ⱈ	ⱈ	ⱈⰹⱃⱏ	Hir	H h	600
	ⱉ	ⱉⱅⱏ	Ot		700
Ⱋ	ⱋ	ⱋⰰ	Cha	Ch	800
Ⱌ	ⱌ	ⱌⰹ	Czi	Cz	900
Ⱍ	ⱍ	ⱍⱃⱐⰲⱏ	Cieru	Ci	1000
Ⱎ	ⱎ	ⱎⰰ	Scia	Sc	
Ⱏ	ⱏ	ⰵⱃⱐ	Yer	Ye	
Ⱑ	ⱑ	ⱑⱅⱐ	Yad	Ya	
Ⱓ	ⱓ	ⱓⱄⱏ	Yus	Yu	

ⰀⰂⰅ Ⰿⰰⱃⰹⰵ, ⰸⰰⰱⰾⰰⰳⰴⰰⱅⰹ ⱂⱆⱀⰰ, Ⰳⱁⱄⱂⱁⰴⰹⱀ
ⱄ ⱅⱁⰱⱁⰹⱆ: ⰱⰾⰰⰳⱁⱄⰾⱁⰲⰾⰵⱀⰰ ⱅⰹ ⰿⰵⰹⰴⱆ ⰶⰵⱀⰰⰿⰹ
ⰹ ⰱⰾⰰⰳⱁⱄⰾⱁⰲⰾⰵⱀ ⱂⰾⱁⰴ ⱆⱅⱃⱁⰱⰵ ⱅⰲⱁⰵ
Ⰹⰵⰸⱆⱄ, Ⱄⰲⰵⱅⰰ Ⰿⰰⱃⰹⰵ ⰿⰰⰹⰽⱁ
Ⰱⱁⰶⰰ, ⰿⱁⰾⰹ ⰸⰰ ⱀⰰⱄ ⰳⱃⰵⱎⱀⰹⰽⰵ ⱄⰰⰴⰰ
ⰹ ⰲ ⱆⱃⱆ ⱄⰿⱃⱅⰹ ⱀⰰⱎⰵ. Ⰰⰿⰵⱀ

Servien

Fig			Nom		Valeur	N
Я	а	азъ	Az		A a	1
Б	б	буки	Buki		B b	
В	в в	вѣдѥ	Vide		V u	2
Г	г	глаголѥ	Glagole		Gh	3
Д	д д	добрѡ	Dobro		D d	4
Є	є	есть	Jest		E e	5
Ж	ж	живѣте	Xiujate		X ch	
Ѕ	ѕ	ѕѣло	Jalo		‡	6
З	з	земьлѧ	Zemlia		Z z	7
И	и	Iи	Yi		I i	8
Ѳ	ѳ	ѳита	Thita		Th	9
І	ї	ижє	Ixe		‡	10
І	і	іѡта	Yota		Y y	10
К	к	како	Kako		K k	20
Л	л	людьı	Liudi		L l	30
М	м	мислѣте	Misljate		M m	40
Н	н	нашь	Nasc		N n	50
Ѯ	ѯ	кши	Xi		X ξ	60
О	о	онъ	On		O o	70
П	п	покои	Pokoi		P p	80
Ҁ	ҁ	ископита	Iscopita			90
Р	р р	рєци	Reczi		R r	100
С	с	слово	Slovo		S s	200
Т	т	тврдо	Tuerdo		T t	300
Ѵ	ѵ	ѵѱилонь	Ypsilon		Y i	400
Ȣ	ȣ оу	ȣкъ	Vk		V u	400
Ф	ф	фєрть	Fert		F f	500
Х	х	хѣрь	Hir		H h	600
Ѱ	ѱ	пси	Psi		Ps	700
Ѡ	ѡ	ѡтъ	Ot		O o	800
Щ	щ	ща	Scta		Sct ch	
Ц	ц	ци	Czi		Cz	900
Ч Ѵ	ч ѵ	чєрвь	Ceru		C	1000
Ш	ш	ша	Sca		Sc	
Ь	ь	ієрь	Yer			
Ѣ	ѣ	нє, на, і	Ye		Ja	
Ꙗ	ꙗ	іа	Ya		Ya	
Ѥ	ѥ	іє	Ye		Ye	
Ю	ю	іо	Yo		Yo	
Ю	ю	іȣ	Yu		Yȣ	

Аве Мариа, грациа плєна, доминус
текум: бенедикта тоу ин мулиерибус,
еть бенедиктоусъ фроуктусъ вентрисъ
тоуи Iесоусъ. Санкта Мариа матерь
Деи, ора про нобис пеккаторибус нунк
ет ин хора мортис ностре. Амень.

Goussier Del. Cocquelle Sculp.

ALPHABETS ARMENIENS.

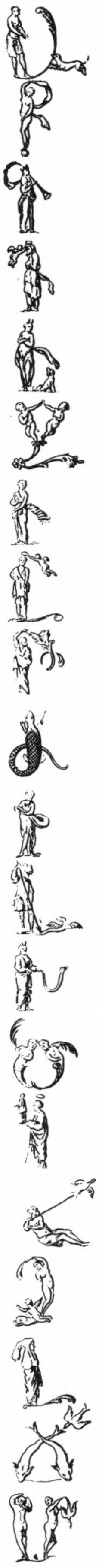

Majusculles. Peintes	Majusculles. Lapidaires	Cursives. Rondes.	Cursives. Majusc.	Cursives. Minusc.	Noms. Armenien.	Noms. Latin.	Valeur.		Valeur Numerique.	Numero.
	Ա	ա	Ա	ա	այբ	Aib	A		1	1
	Բ	բ	Բ	բ	բեն	Bien	B	ב heb	2	2
	Գ	գ	Գ	գ	գիմ	Gim	G	ג heb	3	3
	Դ	դ	Դ	դ	դա	Da	D		4	4
	Ե	ե	Ե	ե	ե	Jetsch	ie		5	5
	Զ	զ	Զ	զ	զա	Sa	s	ז heb	6	6
	Է	է	Է	է	է	E	E		7	7
	Ը	ը	Ը	ը	ըթ	Jeth	E		8	8
	Թ	թ	Թ	թ	թո	Thue	Th	ט heb	9	9
	Ժ	ժ	Ժ	ժ	ժէ	Je	J	François	10	10
	Ի	ի	Ի	ի	ի	I	I	Voyelle	20	11
	Լ	լ	Լ	լ	լիւն	Liun	L		30	12
	Խ	խ	Խ	խ	խէ	Chhe	X	ח heb	40	13
	Ծ	ծ	Ծ	ծ	ծա	Dza	Dz		50	14
	Կ	կ	Կ	կ	կեն	Kien	K		60	15
	Հ	հ	Հ	հ	հո	Hue	H		70	16
	Ձ	ձ	Ձ	ձ	ձա	Dsa	Ds		80	17
	Ղ	ղ	Ղ	ղ	ղատ	Ghat	Gh	ع Arab.	90	18
	Ճ	ճ	Ճ	ճ	ճէ	Tce	Tc		100	19
	Մ	մ	Մ	մ	մեն	Mien	M		200	20

Goussier del. Nodet Sculp.

Alphabets,
Anciens et Modernes.

Majuscules. Peintes	Majuscules. Lapidaires.	Cursives. Rondes.	Cursives. Majusc.	Cursives. Minusc.	Noms. Armenien	Noms. Latin.	Valeur.		Valeur Numerique	Numero
Յ	Յ	յ	Յ	յ	յի	Hi	I		300	21
Ն	Ն	ն	Ն	ն	նու	Nue	N		400	22
Շ	Շ	շ	Շ	շ	շա	Scha	Sch	ש heb.	500	23
Ո	Ո	ո	Ո	ո	ո	Ue	Oue	François	600	24
Չ	Չ	չ	Չ	չ	չա	Tscha	Tsch		700	25
Պ	Պ	պ	Պ	պ	պէ	Pe	P		800	26
Ջ	Ջ	ջ	Ջ	ջ	ջէ	Dsche	Dsch	ج Arab.	900	27
Ռ	Ռ	ռ	Ռ	ռ	ռա	Rra	Rr		1000	28
Ս	Ս	ս	Ս	ս	սէ	Se	S		2000	29
Վ	Վ	վ	Վ	վ	վեւ	Wiev	W	ו heb.	3000	30
Տ	Տ	տ	Տ	տ	տիւն	Tiun	T		4000	31
Ր	Ր	ր	Ր	ր	րէ	Re	R		5000	32
Ց	Ց	ց	Ց	ց	ցո	Tsue	Ts		6000	33
Ւ	Ւ	ւ	Ւ	ւ	յիւն	Hiun	Y	υ Grec.	7000	34
Փ	Փ	փ	Փ	փ	փիւր	Ppiur	P		8000	35
Ք	Ք	ք	Ք	ք	քէ	Khe	Kh		9000	36
Ֆ	Ֆ	ֆ	Ֆ	ֆ	ֆէ	Fe	F	φ Grec.		37
Օ	Օ	օ	Օ	օ	օ	O	O	ω Grec.		38

Exemple de l'Ecriture Armeniene.

Abgar Arschamài Ischkhan Aschkharhiarr Iisouis Prkitsch ieü Barirar uer Jerieujetsar Lierouy

Աբգար Արշամայ իշխան աշխարհիառ ՅԻՍՈՒՍ ՓՐԿԻՉ և ԲԱՐԵՐԱՐ որ երեւեցար Յերու

Saghimatsyts Aschkharhid Oueghdgiouin

սաղիմացւոց աշխարհիդ ողջոյն :

Abgarus Arschami Filius, Princeps Regionis, JESU SALVATORI et BENEFICO, qui Apparuit Hierosolymitanis e Regione Ista, Salutem.

Goussier del. — Niodot Sculp.

Alphabets, Anciens et Modernes.

Alphabet Géorgien.

Ordre	Majus. Sacrées	Minus. Sacrées	Minusc.	Noms Géorgien	Noms Latin	Valeur	Valeur Numer.	Ord.	Majus. Sacrées	Minusc. Sacrées	Minusc.	Noms Géorgien	Noms Latin	Valeur	Valeur Numer.
1.	Ⴀ	ⴀ	ა	ან	An.	A.	1.	20.	Ⴑ	ⴑ	ს	სან	San.	S.	200.
2.	Ⴁ	ⴁ	ბ	ბან	Ban.	B.	2.	21.	Ⴒ	ⴒ	ტ	ტარ	Tar.	T.	300.
3.	Ⴂ	ⴂ	გ	გან	Ghan.	Gh.	3.	22.	Ⴓ	ⴓ	უ	უნ	Vn.	V.	400.
4.	Ⴃ	ⴃ	დ	დონ	Don.	D.	4.	23.	Ⴔ	ⴔ	ფ	ფარ	Far.	F.	500.
5.	Ⴄ	ⴄ	ე	ენ	En.	E.	5.	24.	Ⴕ	ⴕ	ქ	ქან	Kan.	K.	600.
6.	Ⴅ	ⴅ	ვ	ვინ	Vin.	V.	6.	25.	Ⴖ	ⴖ	ღ	ღან	Ghhan.	Ghh.	700.
7.	Ⴆ	ⴆ	ზ	ზენ	Szen.	Sz.	7.	26.	Ⴗ	ⴗ	ყ	ყარ	Cqar.	Cq.	800.
8.	Ⴡ	ⴡ	ჱ	ჱე	He.	H.	8.	27.	Ⴘ	ⴘ	შ	შინ	Scin.	Sc.	900.
9.	Ⴇ	ⴇ	თ	თან	Than.	Th.	9.	28.	Ⴙ	ⴙ	ჩ	ჩინ	Cin.	C.	1000.
10.	Ⴈ	ⴈ	ი	ინ	In.	I.	10.	29.	Ⴚ	ⴚ	ც	ცან	Zzan.	Zz.	2000.
11.	Ⴉ	ⴉ	კ	კან	Chan.	Ch.	20.	30.	Ⴛ	ⴛ	ძ	ძილ	Zil.	Z.	3000.
12.	Ⴊ	ⴊ	ლ	ლას	Las.	L.	30.	31.	Ⴜ	ⴜ	წ	წილ	Zzil.	Zz.	4000.
13.	Ⴋ	ⴋ	მ	მან	Man.	M.	40.	32.	Ⴝ	ⴝ	ჭ	ჭარ	Cciar.	Cc.	5000.
14.	Ⴌ	ⴌ	ნ	ნარ	Nar.	N.	50.	33.	Ⴞ	ⴞ	ხ	ხან	Chhan.	Chh.	6000.
15.	Ⴢ	ⴢ	ი	ინ	In.	I.	60.	34.	Ⴤ	ⴤ	ჴ	ჴარ	Hhar.	Hh.	7000.
16.	Ⴍ	ⴍ	ო	ონ	On.	O.	70.	35.	Ⴟ	ⴟ	ჯ	ჯან	Gian.	G.	8000.
17.	Ⴎ	ⴎ	პ	პარ	Par.	P.	80.	36.	Ⴠ	ⴠ	ჰ	ჰაე	Hhae.	Hh.	9000.
18.	Ⴏ	ⴏ	ჟ	ჟან	Sgian.	Sg.	90.	37.	Ⴥ	ⴥ	ჵ	ჵოე	Hhoe.	Hh.	10000.
19.	Ⴐ	ⴐ	რ	რაე	Rae.	R.	100.	38.							

Exemple de ces trois sortes d'Ecriture.

აბაგა ∴ დევეზეჱ ∴ თივლით ∴ ნიოპ ∴ ჟიორისო ∴ ტუფუ ∴ ქუღუყ ∴
შიჩიცო ∴ ძეწი ∴ ჭახ ∴ ჴაჯაჰა ∴ ჵოე ∴

Abagha, Deveszeh, Thichlun, Niop, Sgioroso, Tuphu, Kughhucq, Sciocizzo, Zetzi, Cciachh, Hhagiahha, Hhoe.

ႠႡႠႢႠ ∴ ႣႤႥႤႦႤჁ ∴ ႧႨႩႪႨႧ ∴ ႬႨႭႮ ∴ ႯႨႭႰႨႱႭ ∴ ႲႳႴႳ ∴ ႵႳႶႳႷ ∴
ႸႭႹႨႺႭ ∴ ႻႤႼႨ ∴ ႽႠႾ ∴ ჄႠႿႠჀႠ ∴ ჅႤ ∴

ⴀⴁⴀⴂⴀ ∴ ⴃⴄⴅⴄⴆⴄⴡ ∴ ⴇⴈⴉⴊⴈⴇ ∴ ⴌⴈⴍⴎ ∴ ⴏⴈⴍⴐⴈⴑⴍ ∴ ⴒⴓⴔⴓ ∴ ⴕⴓⴖⴓⴗ ∴
ⴘⴍⴙⴈⴚⴍ ∴ ⴛⴄⴜⴈ ∴ ⴝⴀⴞ ∴ ⴤⴀⴟⴀⴠⴀ ∴ ⴥⴄ ∴

Des Hautesrayes del. Michelot Sculp.

Alphabets,
Anciens et Modernes.

ALPHABETS

GRANDAN.

Ord.	Figure.	Nom.	Ord.	Figure.	Nom.	Ord.	Figure.	Nom.
1		ă.	18		k'ha.	35		d'ha.
2		â.	19		ga.	36		na.
3		ĭ.	20		g'ha.	37		pa.
4		î.	21		nga.	38		p'ha.
5		oŭ.	22		tcha.	39		ba.
6		oû.	23		tch'ha.	40		b'ha.
7		roŭ.	24		ja.	41		ma.
8		rôu.	25		j'ha.	42		ya.
9		loŭ.	26		igna.	43		ra.
10		lôu.	27		ta.	44		la.
11		e.	28		t'ha.	45		va.
12		aÿ.	29		da.	46		scha.
13		o.	30		d'ha.	47		s'cha.
14		aou.	31		na.	48		sa.
15		am.	32		ta.	49		ha.
16		aha.	33		t'ha.	50		lla.
17		ka.	34		da.	51		kscha.

des GAURES ou Ancien PERSAN.

	Nom.	Figure.		Nom.	Figure.
وه	ueh.		هوه	hoüeh.	
وه	ouéh.		اي	i.	
ده	deh.		آه	ah.	
شه	scheh.		قه	queh.	
طه	teh.		گه	gheh.	
ره	reh.		ح	hheh.	
فه	feh.		کيه	kieh.	
خه	kheh.		شه	scheh.	
خه	kha.		انکه	enkeh.	
يه	yeh.		طه	teh.	
ده	deh.		هو	ho.	
زه	zeh.		ده	deh.	
هه	hemeh.		اه	eh.	
له	leh.		سه	seh.	
شه	schieh.		فه	pa.	
مه	meh.		نبه	gniéh.	
ان	en.		هايه	hayeh.	
آن	oun.		نه	neh.	
چه	tcheh.		جه	dgeh.	
اي	i.		ژه	gieh.	

Des Hautesrayes del. Niodot Sculp.

Alphabet des Anciens Persans.

Tiré du Zend et du Pazend sur l'Exemplaire du Docteur Hyde.

Valeur	Nom.	Figure.	Ordre.
Â.	â.		1.
Â.	â.		2.
Ă ou E.	ă. e.		3.
B.	ba.		4.
P.	pa.		5.
Gh. dur	gha.		6.
G. douce ج	gjia.		7.
Ch. چ	tcha.		8.
D.	da.	Fin. Milieu. Com.t	9.
H.	ha.		10.
V.	va.		11.
U.	ou.		12.
Z.	za.		13.
Zh.	zha.		14.
Ch. خ	cha.		15.
Tt. t	tha.		16.
Y. ي	ya.		17.
i. I. Ee.	I.	Fin.	18.
C. K.	ca.		19.
Gh. گ	gha.		20.
L.	la.		21.
M.	ma.		22.
N.	na.	Milieu. Com.t	23.
S.	sa.		24.
Gh. غ	gha.		25.
Ph. F.	pha.		26.
R.	ra.		27.
Sh.	sha.		28.
T.	ta.		29.

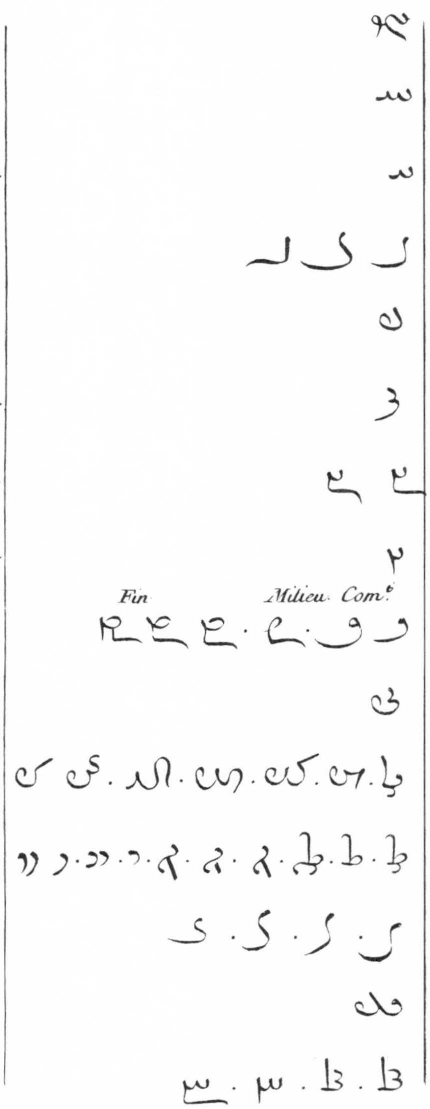

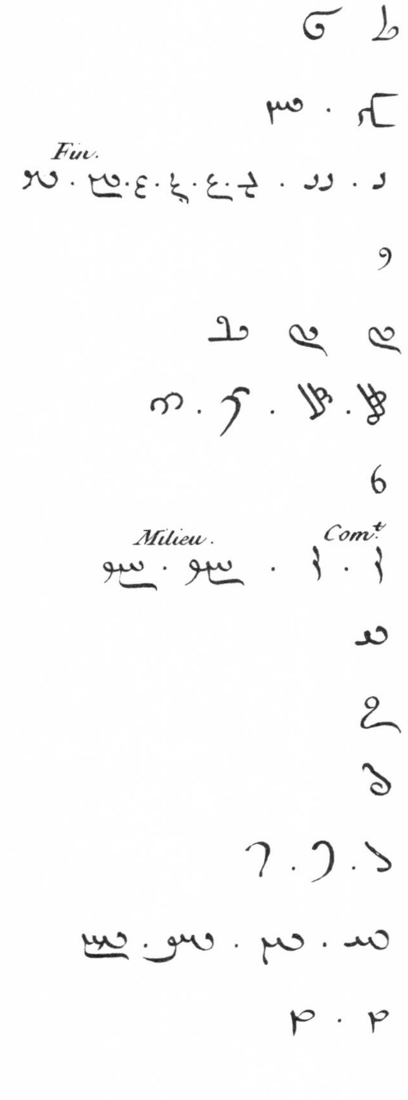

Chiffres.

Indo-persans.	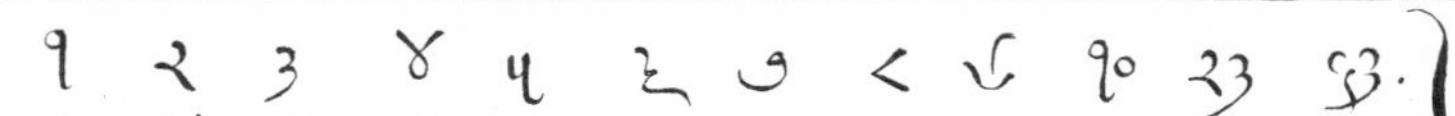											
Arabes.	١	٢	٣	٤	٥	٦	٧	٨	٩	١٠	٢٣	٦٣
Arabes modernes.	1	2	3	4	5	6	7	8	9	10	23	63

Points. Hiphen.

Exemple d'ancien Persan calqué sur le Livre attribué à Zoroastre.

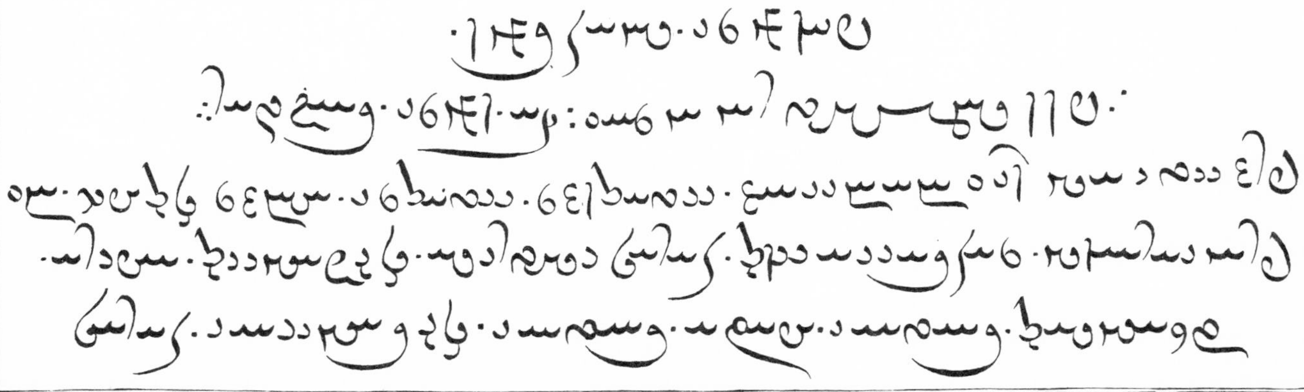

Des Hautesrayes del. Niodot Sculp.

ALPHABET NAGROU ou HANSCRET.

Voyelles et Diphtongues Initiales

अ	आ	इ	ई	उ	ऊ	ऋ	ॠ	ऌ	ॡ	ए	ऐ	ओ	औ
a.	â.	i.	î.	ou.	oû.	re.	rê.	lre.	lrê.	e.	eï.	o.	aou.

Consonnes

क	ख	ग	घ	ङ	च	छ	ज	झ
ka.	kha.	ga.	g'ha.	nga. ga.	tcha.	t'cha.	ja.	j'ha.
ञ	ट	ठ	ड	ढ	ण	त	थ	द
igna.	ta.	t'ha.	da.	d'ha.	na.	ta.	t'ha.	da.
ध	न	प	फ	ब	भ	म	य	र
dha.	na.	pa.	pha.	ba.	b'ha.	ma.	ya.	ra.
ल	व	श	ष	स	ह			
la.	va.	cha. doux.	cha. dur.	sa.	ha.			

Les Consonnes avec les Voyelles.

Un Exemple des Voyelles et des diphtongues liées avec la premiere consonne ka suffira pour connoître la maniere dont elles s'assemblent avec les autres consonnes.

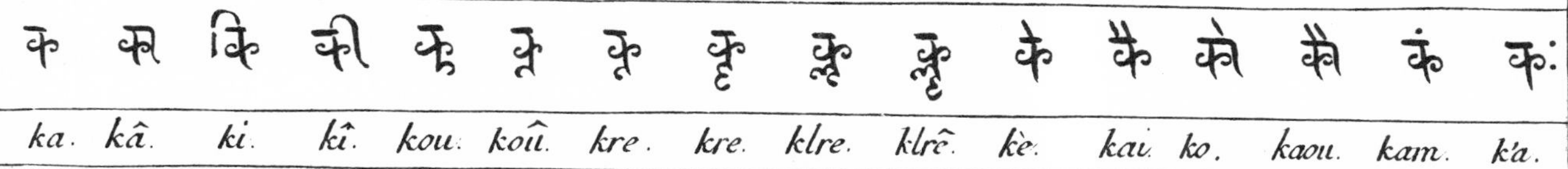

ka. kâ. ki. kî. kou. koû. kre. kre. klre. klrê. ke. kai. ko. kaou. kam. k'a.

On voit que ces Voyelles et ces diphtongues, liées avec les consonnes, n'ont aucun rapport, quant à la figure, avec les Voyelles et les diphtongues initiales. les Indiens assés souvent groupent ensemble deux et même trois consonnes que l'usage apprendra aisement à reconnoître: en voici quelques Exemples.

bra. bla. bma. bja. bka. bcha. bsa. bna. ktra. stra. tkma.

Le Pater en Caracteres Nagrou.

Pater noster qui es in coelis sanctificetur nomen

tuum adveniat regnum tuum fiat voluntas tua sicut. &c.

des Hautesrayes. del. — Niedot Sc.

Alphabets,

Anciens et Modernes.

Alphabet Bengale.

Voyelles Initiales.

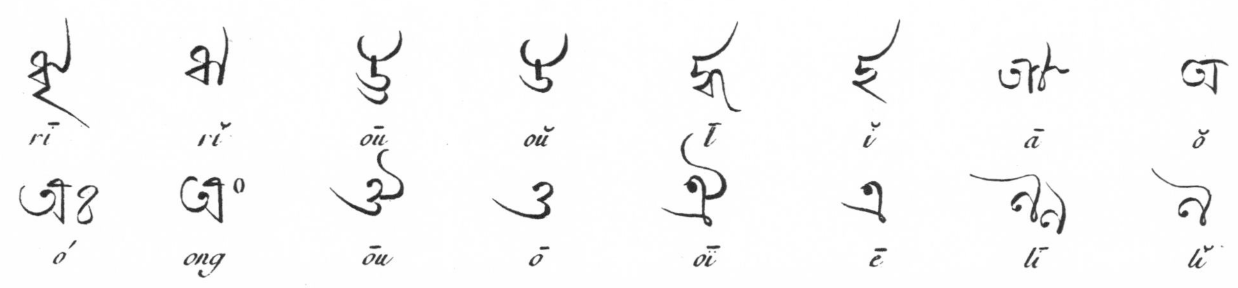

Consonnes.

Les Voyelles avec les Consonnes.

Un Exemple des Voyelles liées avec la 1.re Consonne ko, Suffira pour tout &c.

Liaisons de plusieurs Lettres ensemble.

Des Hautesrayes del. *Niodot Sculp.*

Alphabets,

Anciens et Modernes.

ALPHABET TELONGOU ou TALENGA.

Voyelles Initiales.

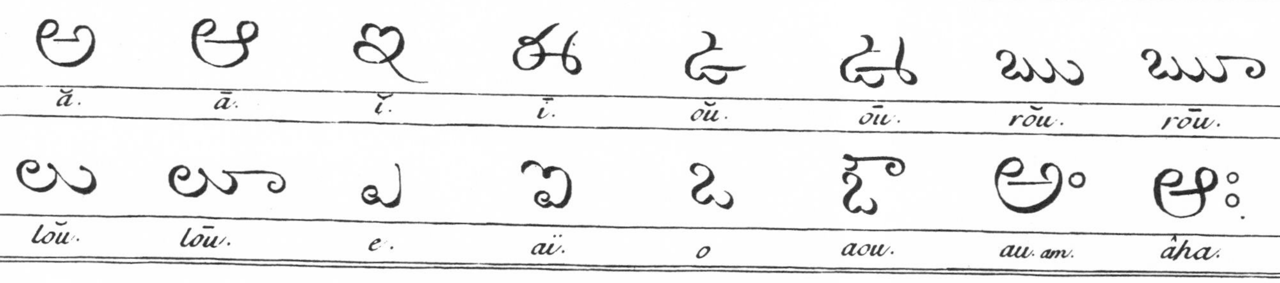
ă. ā. ĭ. ī. ŏu. ōu. rŏu. rōu.
lŏu. lōu. e. aï. o aou. au. am. âha.

Consonnes.

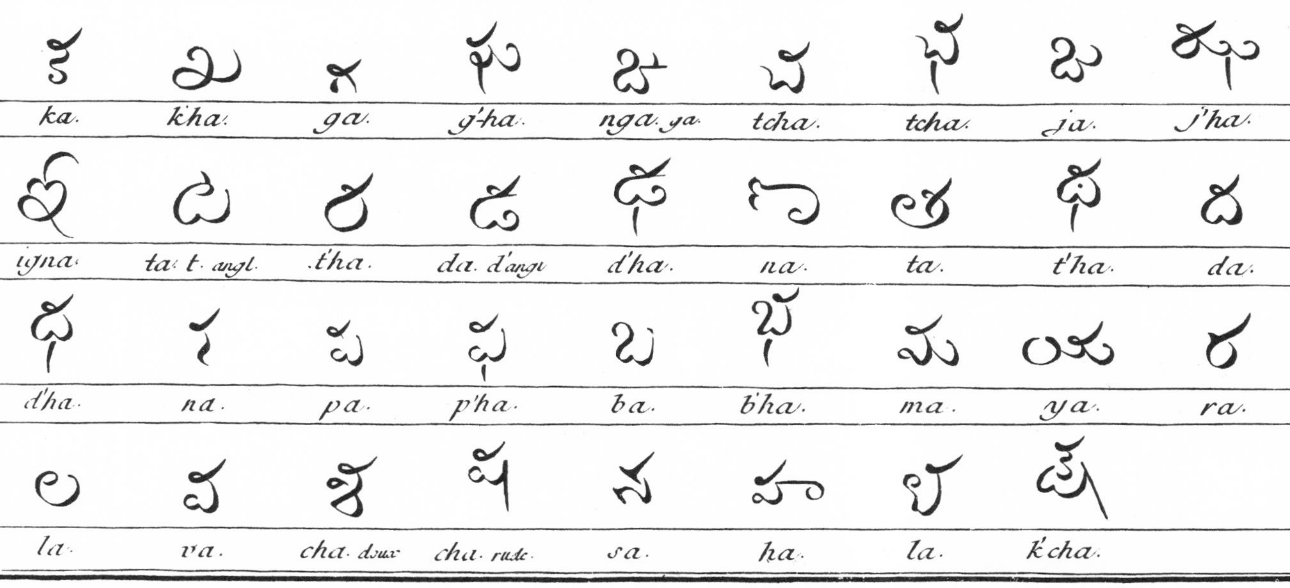
ka. kha. ga. g'ha. nga. ya. tcha. tcha. ja. j'ha.
igna. ta. t. angl. t'ha. da. d'angl. d'ha. na. ta. t'ha. da.
d'ha. na. pa. p'ha. ba. b'ha. ma. ya. ra.
la. va. cha. doux cha. rude. sa. ha. la. k'cha.

Les Consonnes avec les Voyelles.

Outre les Voyelles initiales, Il y a encore d'autres Voyelles qui s'assemblent avec les Consonnes, Il suffira, pour les connoître, de jetter les yeux sur les diverses Combinaisons suivantes de la 1.ere Lettre ka, qui sont les mêmes pour les autres Lettres de l'Alphabet.

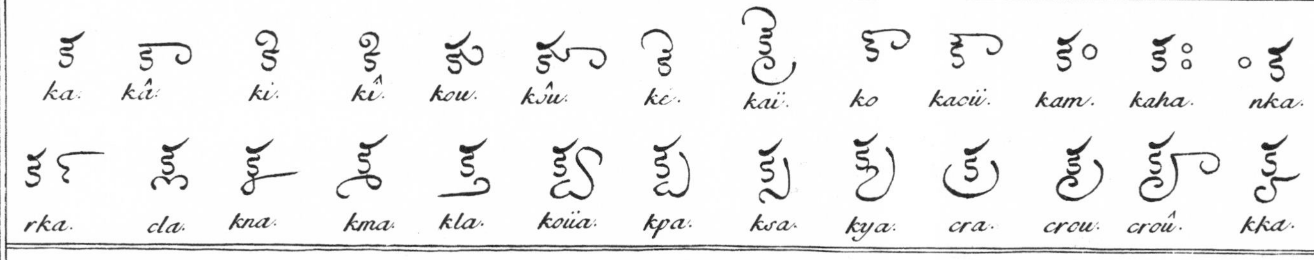
ka. kâ. ki. kî. kou. kôu. ke. kaï. ko kaoü. kam. kaha. nka.
rka. cla. kna. kma. kla. koüa. kpa. ksa. kya. cra. crou. croû. kka.

Lorsque les Consonnes se mettent sous les autres Lettres, on leur donne une autre forme qu'il est necessaire de connoître; les voici.

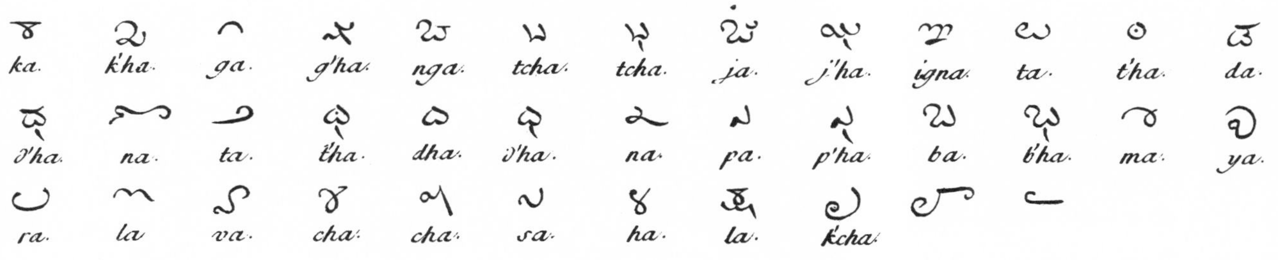
ka. kha. ga. g'ha. nga. tcha. tcha. ja. j'ha. igna. ta. t'ha. da.
d'ha. na. ta. t'ha. dha. d'ha. na. pa. p'ha. ba. b'ha. ma. ya.
ra. la va. cha. cha. sa. ha. la. k'cha.

Des Hautesrayes del. Niodot Sculp.

Alphabets,

Anciens et Modernes.

Alphabet Tamoul ou Malabar.

		kā.	*kĭ.*	*kī.*	*koŭ.*	*koū.*	*kĕ.*	*kē.*	*keï. kaï.*	*kŏ.*	*kō.*	*kaoü.*
க	*kă.*	கா	கி	கீ	கு	கூ	கெ	கே	கை	கொ	கோ	கௌ
ங	*Nă.*	ஙா	ஙி	ஙீ	ஙு	ஙூ	ஙெ	ஙே	ஙை	ஙொ	ஙோ	ஙௌ
ச	*Tscha ou scha*	சா	சி	சீ	சு	சூ	செ	சே	சை	சொ	சோ	சௌ
ஞ	*gna ou Na n. mouillé.*	ஞா	ஞி	ஞீ	ஞு	ஞூ	ஞெ	ஞே	ஞை	ஞொ	ஞோ	ஞௌ
ட	*Da d. Angl.*	டா	டி	டீ	டு	டூ	டெ	டே	டை	டொ	டோ	டௌ
ண	*Na n. grasse.*	ணா	ணி	ணீ	ணு	ணூ	ணெ	ணே	ணை	ணொ	ணோ	ணௌ
த	*Da et Ta.*	தா	தி	தீ	து	தூ	தெ	தே	தை	தொ	தோ	தௌ
ந	*Nă.*	நா	நி	நீ	நு	நூ	நெ	நே	நை	நொ	நோ	நௌ
ப	*Pa et Ba.*	பா	பி	பீ	பு	பூ	பெ	பே	பை	பொ	போ	பௌ
ம	*Mă.*	மா	மி	மீ	மு	மூ	மெ	மே	மை	மொ	மோ	மௌ
ய	*Ja et ga.*	யா	யி	யீ	யு	யூ	யெ	யே	யை	யொ	யோ	யௌ
ர	*Ră.*	ரா	ரி	ரீ	ரு	ரூ	ரெ	ரே	ரை	ரொ	ரோ	ரௌ
ல	*La.*	லா	லி	லீ	லு	லூ	லெ	லே	லை	லொ	லோ	லௌ
வ	*Vă.*	வா	வி	வீ	வு	வூ	வெ	வே	வை	வொ	வோ	வௌ
ழ	*Scha ou La ou Ra.*	ழா	ழி	ழீ	ழு	ழூ	ழெ	ழே	ழை	ழொ	ழோ	ழௌ
ள	*Lă. l. grasse.*	ளா	ளி	ளீ	ளு	ளூ	ளெ	ளே	ளை	ளொ	ளோ	ளௌ
ற	*Rra r. double.*	றா	றி	றீ	று	றூ	றெ	றே	றை	றொ	றோ	றௌ
ன	*Na.*	னா	னி	னீ	னு	னூ	னெ	னே	னை	னொ	னோ	னௌ

Voyelles Initiales.

Outre les Voyelles qui se lient avec les Consonnes, ainsi qu'on le voit dans le Syllabaire precedent, les Tamouls ou Malabares ont dix Voyelles Initiales, 5 breves et 5 longues, deux Diphtongues et une Lettre finale.

Sçavoir.							
	ă. அ	ĭ. இ	ŭ. உ	ĕ. எ	ŏ. ஒ	eï. ஐ	AK ஃ
	ā. ஆ	ī. ஈ	ū. ஊ	ē. ஏ	ō. ஓ	aū. ஔ	

Des Hauterayes del. — *Nicolet Sculp.*

ALPHABET SIAMOIS.

ko khò khó khò khoo khoo-ngo cho chó chò sò choo yo do to thó thò thoo no

bo po ppó fo ppò so ppo mo yo ro lo vo so só só hò lo o.

Les Consonnes avec les Voyelles et les Diphthongues.

kâ kí kî keú keû koú kû ké kê kaï

kaái ko káou kam ka keüy kaáï kâou kióu küóu

keüy kéuï köuy kouï keóu keôu koüy koï koüáï kiáou

kiá kià keüa keüà koüa koüà ké kê ko kaou

koum kam karama ko koüáï keüa reu reû leu leû

ALPHABET BALI.

ca khá kha ga – nga tcha tchá tcha tcha ya la

thá tha da na ta thá tha da na pa ppa

ppa ba ma ca ra la ua ta ha la ang

Exemple d'une Consonne avec les Voyelles et les Diphthongues.

ka kaa ki kü kou koû ke káï ko káou kam ka

ka-na ka-nâ ka-ni ka-nu ka-nou ka-noû ka-ne ka-naï ka-no ka-náou ka-nang ka-ná

Les Chiffres Siamois.

1 2 3 4 5 6 7 8 9 10

Des Hautesrayes del. Niedot Sculp.

Alphabets,

Anciens et Modernes.

Alphabet de la Langue Sçavante des Lamas du Thibet ou Boutan

Numero	Figure	Nom	N.°	Figure	Nom
1.	ཀ	Ka	16.	མ	Ma
2.	ཁ	Kà	17	ཙ	Tsa
3.	ག	Ka	18	ཚ	Tsà
4.	ང	Nga	19	ཛ	Tsaa
5.	ཅ	Tcha	20	ཝ	Oüa
6.	ཆ	Tchà	21.	ཞ	Ja
7.	ཇ	Tchaa	22	ཟ	Sa
8.	ཉ	Gnia	23	འ	A
9.	ཏ	Ta	24	ཡ	Ya
10.	ཐ	Tà	25.	ར	Ra
11.	ད	Taa	26	ལ	La
12.	ན	Na	27.	ཤ	Xa
13.	པ	Pa	28.	ས	Sa
14.	ཕ	Pà	29.	ཧ	Ha
15.	བ	Paa	30	ཨ	A

Nombres Cardinaux

Figure	Denomination	Prononciation	Valeur
༡	ཅིག	Tchik	1.
༢	གཉིས	Gni	2
༣	གསུམ	Soum	3
༤	བཞི	Sgi	4
༥	ལྔ	Nga	5
༦	དྲུག	Truk	6
༧	བདུན	Doun	7
༨	བརྒྱད	Ghie	8
༩	དགུ	Gou	9
༡༠	བཅུ·ཐམ·པ	Tchiou tam pa	10
༡༡	བཅུ ཅིག	Tchiou tchi	11
༡༠༠	བརྒྱ ཐམ·པ	Gnia tam pa	100
༡༠༠༠	སྟོང·ཕྲག·	Tong pra	1000
༡༠༠༠༠	སྟོང·ཚིགས·	Tong tsik	10000

Voyelles

Elles sont au nombre de 4. sçavoir . . . .

Figure	Nom	Valeur	Exemples			
ི	Kicou	i	ཀི	Ki	པི	Pi
ེ	Grembou	e	ཀེ	Ke	པེ	Pe
ོ	Norou	o	ཀོ	Ko	པོ	Po
ུ	Chapdou	ou	ཀུ	Kou	པུ	Pou

Outre ces lettres, il y en a encore deux autres de permutation qui sont: ྲ appellée Ratac: et ྱ appellée Yatac: yatac etant ajoutée aux Lettres ཀྲ ཁྲ གྲ on lit Kra ou Tra; དྲ tra པྲ pra མྲ mra &c. et avec l'addition d'une voyele; མྲུ mrou པྲོ pro &c. Ratac ajoutée aux trois Ka: ཀྱ ཁྱ གྱ on lit Kia: sous les trois Pa པྱ ཕྱ བྱ on lit tchia: sous l'm མྱ on lit gna ou m', ma

ག Ka mis sous quelqu'autre Lettre se prononce ga. ex: སྒ ga. au mot གད prononcez kank. གད ད k'darh གག kak: གགི ghi གིག Ki. ད taa suivi de plusieurs lettres s'aspire ou se retranche; ད མ ན men ou t' men. ce taa se change en da lorsqu'il fait la 2e. lettre d'un mot, et a la fin il ne se prononce point et ne s'y conserve que pour l'analogie des mots. བ paa au milieu d'un mot ou sous quelque lettre se prononce ba; a la fin des mots il se prononce rarement. འ A, au commencement d'un mot ou s'eclipse ou sonne comme une n' འད da: n'da: souvent les Thibetans au lieu de འ écrivent ཱ ex: ཀཱ · ཀ Ka. La lettre མ ma au commencement d'un mot suivie de plusieurs lettres d'une meme syllabe, s'aspire: ex: མཁྱེན kien ou m' Ken. ར La se met souvent sur certaines lettres pour donner plus d'energie au mot, ou pour le distinguer.. ex: མ ma རྨ ma ou r'ma ཇ རྗ r'ta r'tchia.

Des Hautesrayes del. — Nicolet Sculp.

ALPHABET des TARTARES MOUANTCHEOUX.

	Figure: a la Fin	Figure: au Milieu	Figure: au Comment.t	Ordre
Tc̀ha. tc̀s.				16
Tcha. ts.				17
Ya.				18
Khe. he.				19
Ra.				20
Oüa.				21
Fa.				22
Ts̀a.				23
Tsa.				24
Ja.				25
Tchi.				26
Tc̀he.				27
Se.				28
Schi.				29

	Figure: a la Fin	Figure: au Milieu	Figure: au Comment.t	Ordre
A.				1
E.				2
I.				3
O.				4
Ou.				5
Ou.				6
Na.				7
Kha.				8
Pa.				9
P'a.				10
Sa.				11
Scha.				12
Tha.				13
La.				14
Ma.				15

Lecture.

Les Noms de Nombre que l'on va transcrire ici. tiendront lieu de cette Lecture.

- 1 Emou.
- 2 Tchoüe.
- 3 Ilan.
- 4 Toüin.
- 5 Sountja.
- 6 Ningoun.
- 7 Natan.
- 8 Tjakhoun.
- 9 Ouyoun.
- 10 Tjouan. 11 Tjouan Emou.
- 15 Thofohon. prononcez Thofghon.
- 20 Orin. 21 Orin Emou &c.
- 30 Cousin. prononcez Cougin.
- 40 Teghi.
- 50 Souzai.
- 60 Nintjou.
- 70 Nadantjou.
- 80 Tjakhountjou.
- 90 Ouyoun Tchou.
- 100 Thanggou. 200 Tchoüe Thanggou.
- 1000 Minga.
- 10000 Thoumen.
- 15000 Thoumen Sountja Minga.
- 20000 Tchoue Thoumen. 100000 Tchouan Thoumen.
- 200000 Orin Thoumen. 1000000 Tangou Thoumen.

Points.

√ Tc̀ic. ou Virgule.

√√ Deux Tc̀ic valent notre point.

On Appelle Thongkhi. les Points qui sont à côté des mots.

Foukha. les Cercles ou Ronds grands et petits.

Tritchoun. les Traits.

Des Hautesrayes del. — Nodot Sculp.

Alphabets,

Anciens et Modernes.

ALPHABETS JAPONOIS.

Ord.	Val.	Firo-Canna.	Catta-Canna.	Imatto-Canna.
1	a	あ	ア	[illegible]
2	je	ゑ	ヱ	[illegible]
3	i	い	イ	[illegible]
4	o	を	ヲ	[illegible]
5	u	う	ウ	[illegible]
6	fa	は	ハ	[illegible]
7	fe	へ	ヘ	[illegible]
8	fi	ひ	ヒ	[illegible]
9	fo	ほ	ホ	[illegible]
10	fu	ふ	フ	[illegible]
11	ka	か	カ	[illegible]
12	ke	け	ケ	[illegible]
13	ki	き	キ	[illegible]
14	ko	こ	コ	[illegible]
15	ku	く	ク	[illegible]
16	ma	ま	マ	[illegible]
17	me	め	メ	[illegible]

Ord.	Val.	Firo-Canna.	Catta-Canna.	Imatto-Canna.
18	mi	み	ミ	[illegible]
19	mo	も	モ	[illegible]
20	mu	む	ム	[illegible]
21	ssa	さ	サ	[illegible]
22	sse	せ	セ	[illegible]
23	ssi	し	シ	[illegible]
24	sso	そ	ソ	[illegible]
25	ssu	す	ス	[illegible]
26	ja	や	ヤ	[illegible]
27	je	え	エ	[illegible]
28	ji	ゐ	ヰ	[illegible]
29	jo	よ	ヨ	[illegible]
30	ju	ゆ	ユ	[illegible]
31	da ta	た	タ	[illegible]
32	de te	て	テ	[illegible]
33	dsi tzi	ち	チ	[illegible]
34	do to	と	ト	[illegible]

Ord.	Val.	Firo-Canna.	Catta-Canna.	Imatto-Canna.
35	tzu	つ	ツ	[illegible]
36	ra	ら	ラ	[illegible]
37	re	れ	レ	[illegible]
38	ri	り	リ	[illegible]
39	ro	ろ	ロ	[illegible]
40	ru	る	ル	[illegible]
41	na	な	ナ	[illegible]
42	ne	ね	ネ	[illegible]
43	ni	に	ニ	[illegible]
44	no	の	ノ	[illegible]
45	nu	ぬ	ヌ	
46	n'a	わ	ワ	[illegible]
47	n'e	ゑ	ヱ	
48	n'i	ゐ		
49	n'o	を	ヲ	[illegible]
50	n'u	う	ウ	[illegible]

Des Hauteraye del. — Nicolet Sculp.

Alphabets,
Anciens et Modernes.

Clefs Chinoises.

Clefs d'un trait

1 一 yĕ
2 丨 kouen
3 丶 tchòu
4 丿 piĕ
5 乙 yĕ
6 亅 kioûe

Clefs de deux traits

7 二 eúlh
8 亠 theôu
9 人 gîn
9 亻 gîn
10 儿 gîn
11 入 gĕ
12 八 pă
13 冂 khiông
14 冖 mie
15 冫 pīng
16 几 kì
17 凵 khàn
18 刀 tāo
19 力 liĕ
20 勹 pāo
21 匕 pì
22 匚 fām
23 匸 hì
24 十 chĕ
25 卜 poŭ
26 卩 tciĕ
27 厂 hàn
28 厶 tçōu
29 又 yéou

Clefs de 3 traits

30 口 khŏou
31 囗 yoù
32 土 thoù
33 士 ssé
34 夂 tchì
35 夊 soüi
36 夕 siĕ
37 大 tá
38 女 niù
39 子 tçè
40 宀 miên
41 寸 tçún
42 小 siào
43 尢 vāng
43 尣 vāng
43 兀 vāng
44 尸 chī
45 屮 tçào
46 山 chān
47 巛 tchoūen
48 工 kōng
49 己 kì
50 巾 kīn
51 干 kān
52 幺 yāo
53 广 yèn
54 廴 ìn
55 廾 kŏng
56 弋 ỳ
57 弓 kōng
58 彐 kí
58 彐 kí
58 彑 kí
59 彡 chān
60 彳 tchĭ

Clefs de 4 tr.

61 心 sīn
61 小 sīn
62 戈 kō
63 戶 hóu
64 手 cheòu
65 支 tchī
66 攴 pŏu
67 文 vên
68 斗 teòu
69 斤 kīn
70 方 fāng
71 无 voû
72 日 jĕ
73 曰 yüe
74 月 yoüe
75 木 mŏu
76 欠 kiēn
77 止 tchì
78 歹 yă
79 殳 tchōu
80 毋 moû
81 比 pì
82 毛 maô
83 气 khí
84 氏 chí
85 水 choùi
86 火 hò
86 灬 hò
87 爪 tchao
87 爫 tchào
88 父 foú
89 爻 yâo
90 爿 pán
91 片 piĕn
92 牙 yâ
93 牛 nieôu
94 犬 khiuĕn

Clefs de 5 tr.

95 玉 yoŭ
96 玄 yuên
97 瓜 coüa
98 瓦 và
99 甘 cān
100 生 sēng
101 用 yóng
102 田 thiên
103 疋 pĕ
104 疒 tçiĕ
105 癶 pŏ
106 白 pĕ
107 皮 pí
108 皿 mìn
109 目 mŏ
109 罒 mŏ
110 矛 meôu
111 矢 chì
112 石 chĕ
113 示 chí
114 禸 geoù
115 禾 hô
116 穴 hiuĕ
117 立 liĕ

Clefs de 6. tr.

118 竹 tchŏu
119 米 mì
120 糸 mĕ
121 缶 feoù
122 网 vàng
123 羊 yâng
124 羽 yoù
125 老 lào
126 而 eûlh
127 耒 loûi
128 耳 eùlh
129 聿 yeŭ
130 肉 jŏu
131 臣 tchîn
132 自 tçé
133 至 tchí
134 臼 kieòu
135 舌 chĕ
136 舛 tchoüen
137 舟 tcheōu
138 艮 kén
139 色 sĕ
140 艸 tçào
141 虍 hoù
142 虫 tchông
143 血 hiuĕ
144 行 hîng
145 衣 ȳ
146 襾 ssē

Clefs de 7 tr.

147 見 kién
148 角 kiŏ
149 言 yên
150 谷 koŭ
151 豆 téou
152 豕 chì
153 豸 tchì
154 貝 póei
155 赤 tchĕ
156 走 tçeou
157 足 tçŏ
158 身 chīn
159 車 tchē
160 辛 sīn
161 辰 chîn
162 辵 tchŏ
163 邑 yĕ
164 酉 yeòu
165 釆 pién
166 里 lì

Clefs de 8 et de 9 traits

167 金 kīn
168 長 tchâng
169 門 moûen
170 阜 feoú
171 隶 taí
172 隹 tchoūi
173 雨 yù
174 青 tsīng
175 非 fī
176 面 mién
177 革 kĕ
178 韋 goeî
179 韭 kieòu
180 音 īn
181 頁 yĕ
182 風 fōng
183 飛 fī
184 食 chĕ
185 首 cheòu
186 香 hiāng

Clefs depuis 10 traits jusqu'à 17

187 馬 mà
188 骨 kŏ
189 高 cāo
190 髟 pieōu
191 鬥 téou
192 鬯 tchàng
193 鬲 liĕ
194 鬼 kuèi
195 魚 yû
196 鳥 niao
197 鹵 loù
198 鹿 lŏ
199 麥 mĕ
200 麻 mâ
201 黃 hoâng
202 黍 choù
203 黑 hĕ
204 黹 tchì
205 黽 mìn
206 鼎 tìng
207 鼓 kòu
208 鼠 tchù
209 鼻 piĕ
210 齊 tçî
211 齒 tchì
212 龍 lông
213 龜 kūei
214 龠 yŏ

Des Hauteraÿes del. Nicolet Sculp.

Achevé d'imprimer
par MAME Imprimeurs à Tours
Dépôt légal : septembre 2001 (N° 01052208)